Die Lebensalter
eine vierteilige Ausstellungsreihe
im Bezirksmuseum Dachau

»Da ich ein Kind war...«
Vom Kindsein
in vergangenen Zeiten

Kinder verschiedenen Alters aus Röhrmoos, Fotografie um 1935

»Da ich ein Kind war...«
Vom Kindsein in vergangenen Zeiten

Katalog zur Ausstellung
im Bezirksmuseum Dachau

Dachau 2009

Impressum

Herausgeber:
Zweckverband Dachauer
Galerien und Museen

Ausstellung und Katalog:
Ursula Katharina Nauderer

Ausstellungsaufbau:
Ernst Bielefeld, Jürgen Hartmann,
Gerhard Lehenberger, Thomas
Stark

Restauratoren:
Ernst Bielefeld, Susanne Eid,
Susanne Herbst, Cornelia
Knörle-Jahn

Lektorat:
Jutta Mannes

Schlussredaktion:
Sieglinde Falck, Eva Hollaus

Gestaltung:
Büro Langemann, München

Herstellung:
Mediengruppe Universal, München

© 2009 Zweckverband
Dachauer Galerien und Museen

Bildnachweis:
Abbildungen von
Peter Brunner, Dachau
mit Ausnahme von:
Heimatbuch Hilgertshausen, S. 75
Deutsches Medizinhistorisches
Museum Ingolstadt, S. 12, 13, 67 o.
Fotoarchiv Nauderer, S. 76, 104 u.,
105, 110 u., 111 u. 116 o., 117, 118
Heimatverein Niederroth,
S. 107, 108
Hans-Peter Schneider,
Losheim am See, S. 87
Hans Schrall, Röhrmoos, S. 2, 90 u.

Zweckverband Dachauer Galerien
und Museen, S. 6, 8, 27, 30–32, 43,
45, 47, 50, 45, 56–58, 63–65, 67 u.,
69, 70, 73, 74, 84, 85 u., 89, 91 u.,
104 o., 119

**Wir bedanken uns herzlich
bei den Leihgebern:**

Deutsches Medizinhistorisches
    Museum Ingolstadt
Christiane und Daniela Drexl-
    Schegg, Dachau
Stadtmuseum Erlangen
Stadtmuseum Fürstenfeldbruck
Dr. Jörg Gabler, Obergünzburg
Rupert-Gabler-Stiftung,
    Obergünzburg
Georg und Anni Härtl, Dachau
Stiftung Heimathaus Traunstein
Museumsverein Dachau e.V.
Raimund Richter und Birgitta
    Unger-Richter
Ann-Dorothee Schlüter,
    arts & metiers Berlin
Katholische Kirchenverwaltung
    Schönau, Rottal-Inn
Hans Schrall, Röhrmoos
Marcus Sommer SOMSO
    Modelle GmbH, Coburg
Erwin Stadler, Dachau
Alois und Maria Wachtveitl,
    Dachau
Monika Wolf, Dachau

sowie allen privaten
Leihgebern und Spendern, die
nicht genannt werden wollen

Ein besonderer Dank gilt dem

bezirk oberbayern

der die Ausstellung
und den Katalog unterstützt hat.

ISBN 978-3-930941-65-0

Inhalt

7 Vorwort
Vom Kindsein.
Annäherung an ein komplexes Thema

10 *Peter Prosch: Leben und Ereignisse...*
11 **Geliebtes Kind oder unerwünschter Balg –**
Schwangerschaft und Geburt

28 *Ludwig Thoma: Andreas Vöst*
29 **Vom Heidenkind zum Christ –**
Taufe und »Weisat«

40 *Lena Christ: Erinnerungen einer Überflüssigen*
41 **Spannenlanger Hansl, nudeldicke Dirn... –**
Ernährung und Pflege

52 *Martin Meier: Das war Armut*
53 **Zwei ständige Begleiter der Kindheit –**
Krankheit und Tod

72 *August von Platen: Briefe an seine Mutter*
73 **Das Kind zum Vorzeigen –**
Säuglings- und Kinderkleidung

88 *Maria Hartl: Häuslerleut*
89 **Kindgerecht? –**
Spielzeug und Kindermöbel

100 *Franz Dostal: Gestohlene Jugend*
101 **Was Hänschen nicht lernt... –**
Familie, Erziehung und Arbeit

114 *Hans Schrall: Beim Wilmo. Erinnerungen*
115 **Der Ernst des Lebens –**
Schulzeit

124 Biografien zu den Autoren
127 Ausgewählte Literatur

Lebensalter.

13. Wollt ihr wissen, wie's die kleinen Mädchen machen?

Volkslied.

1. Wollt ihr wis=sen, wollt ihr wis=sen, wie's die

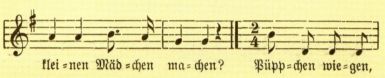

klei=nen Mäd=chen ma=chen? Püpp=chen wie=gen,

Püpp=chen wie=gen, hei=sa, hop=sa, bi=sche, bi=sche, hop=sa!

2. Wollt ihr wissen, wie's die kleinen Knaben machen? Trommel schlagen, heisa, hopsa, bumbum, bumbum, hopsa!

3. Wollt ihr wissen, wie's die großen Mädchen machen? Strümpfe stricken, heisa, hopsa, strick, strick, strick, strick, hopsa!

4. Wollt ihr wissen, wie's die großen Knaben machen? Peitschen knallen, heisa, hopsa, knack, knack, knack, knack, hopsa!

5. Wollt ihr wissen, wie's die jungen Damen machen? Knixe machen, heisa, hopsa, knix, knix, knix, knix, hopsa!

6. Wollt ihr wissen, wie's die jungen Herren machen? Hut abnehmen, heisa, hopsa, Hut ab, ab, ab, hopsa!

7. Wollt ihr wissen, wie's die alten Frauen machen? Kaffee trinken, heisa, hopsa, Kaffee, e, e, hopsa!

8. Wollt ihr wissen, wie's die alten Männer machen? Tabak rauchen, heisa, hopsa, puff, paff, puff, paff, hopsa!

Lebensalter-Lied: »Wollt ihr wissen…«, aus dem »Spielbuch für Mädchen im Alter von 6 – 16 Jahren« von A. Netsch, Hannover 1895

Vorwort

Vom Kindsein –
Annäherung an ein komplexes Thema

Mit der Ausstellung »Da ich ein Kind war… Vom Kindsein in vergangenen Zeiten« beginnt im Bezirksmuseum eine vierteilige Ausstellungsreihe zu den Lebensaltern des Menschen.

Eine versteckte Spielerei im Ausstellungstitel weist bereits auf die Fortsetzung des Themas hin, die sich in der darauffolgenden Ausstellung der Jugend widmen wird. [1]

Die Vorstellung von den »Lebensaltern« oder »Altersstufen des Menschen« waren in der Welt des Mittelalters so gebräuchlich, dass sie ihren Weg aus den pseudowissenschaftlichen Werken in die Allgemeinheit gefunden haben. Man verglich die vier Lebensabschnitte des Menschen, – Kindheit, Jugend, Erwachsenenalter und Alter –, unter anderem mit den vier Temperamenten, den vier Elementen und den vier Jahreszeiten und war überwältigt von der beeindruckenden Korrespondenz der Zahlensymbolik, die damals einen der Schlüssel zum Verständnis der universalen Welt bildete.

Blicken wir durch die Brille der Menschen, die lange vor uns lebten, in die Ausstellung, dann beginnt mit der Geburt des Menschen, der ewig wiederkehrende Kreislauf der Natur vom Wachsen, Blühen, Reifen und Sterben.

Das Mittelalter hatte noch kein Verhältnis zur Kindheit im Sinne einer bewussten Wahrnehmung der Unterschiede zwischen Kindsein und Erwachsenendasein.

Kinder gehörten, sobald sie laufen und sich verständlich machen konnten, der Gesellschaft der Erwachsenen an. Sie trugen die gleichen Kleider, spielten die gleichen Spiele, verrichteten die gleichen Arbeiten wie die Erwachsenen und hatte keine von ihnen getrennten Lebensbereiche.

Zu Beginn der Neuzeit begannen sich die Philosophen und Reformisten für die Erziehung zu interessieren. Das Kind wurde nicht länger als ein kleiner Erwachsener betrachtet und man sah seine Ent-

1 »Da ich ein Kind war, redete ich wie ein Kind, dachte wie ein Kind und urteilte wie ein Kind. Da ich aber ein Mann wurde, legte ich ab, was Kind an mir war.« (1. Korinther 13,11)

Kinderschar in der Augsburger Straße in Dachau, Fotografie um 1930

wicklung nicht mit dem sechsten oder siebten Lebensjahr als beendet an. Vielmehr musste es noch durch Erziehung und Belehrung zur Reife gebracht werden. Nun begann sich also die Familie dem Kind zuzuwenden und es zu verhätscheln.

Im 17. Jahrhundert wandten sich nun verstärkt die Pädagogen, Moralisten und Kirchenmänner der Erziehung des Kindes zu. Sie sahen im Kind zwar auch ein unfertiges zerbrechliches Geschöpf Gottes, lehnten aber die »bloße Tändelei« und »amüsierte Spielerei« der Erwachsenen mit dem Kind ab. Vielmehr verlangt gerade die Unschuld des Kindes, dass man es ernsthaft erzieht. »Man sollte mit seinen Kindern oft vertraulich umgehen, sie über alles sprechen lassen, sie wie vernünftige Menschen behandeln und sie durch Milde zu gewinnen suchen« (Abbé Goussault, 1693).

Im 18. Jahrhundert kamen die Bemühungen um Hygiene und Gesundheit hinzu. Damit versuchte man konkret der hohen Kindersterblichkeit, die in manchen Gegenden Bayerns um die 50 Prozent betrug, entgegenzuwirken.

Im Verlauf des 19. Jahrhunderts wurde die Familie mehr und mehr zur sittlichen Erziehungsanstalt, über die Staat und Kirche wachten und die von der Familie ihrerseits als Autoritäten anerkannt wurden. Die bürgerliche Familie richtete sich nun auf das Kind aus und kümmerte sich in erster Linie um die Fortsetzung ihrer selbst.

Die Ausstellung beschränkt sich aus räumlichen und inhaltlichen Gründen auf die Kindheit im Zeitraum vom 18. bis zur Mitte des

20. Jahrhunderts. Die den einzelnen Themen der Ausstellung vorangestellten autobiografischen Erinnerungen und literarischen Zeitbilder zum »Kindsein in vergangenen Zeiten« bilden den immer wieder notwendigen Hintergrund, vor dem die Exponate der Ausstellung zum Sprechen gebracht werden können.

Im Bezirksmuseum Dachau wurden im Laufe seiner 100jährigen Geschichte auch eine Vielzahl von Gegenständen zur Kindheit gesammelt, die zum Teil erstmals in ihrem ursprünglichen Kontext gezeigt werden. Dennoch waren zahlreiche Ergänzungen notwendig, um das Thema Kindheit in seiner Fülle präsentieren zu können. Dafür möchte ich allen Leihgebern herzlich danken.

Ursula Katharina Nauderer
Bezirksmuseum Dachau

»*Wie mir meines Vaters Schwester, Anna Proschin, sagte, kam ich Anno 1745 unter dem Gerstenschneiden an das Tageslicht, aber nicht auf die Welt; denn mein Eingang in die Welt war wunderbar: indem meine Mutter vom Gerstenschneiden nach Hause kam, entfiel ich ihr unter der Haustür; zum Glück kam meines Vaters Schwester, gedachte Anna Proschin, über einem Berg herunter, eben vom Gerstenscheiden dazu, und machte mich von meiner Mutter los, welche eine überaus große Freude hatte, einer solchen Bürde entledigt zu werden.*
Nun (Gott sei Lob) itzt bin ich in der Welt, in der hl. Taufe wurde mir der Name Peterl beigelegt.«

Aus: Peter Prosch, Leben und Ereignisse des Peter Prosch, eines Tyrolers von Ried im Zillerthal oder das wunderbare Schicksal. Geschrieben in der Zeit der Aufklärung, München 1789. – Hier zitiert nach der Ausgabe von 1919, S. 8.

Geliebtes Kind oder unerwünschter Balg – Schwangerschaft und Geburt

Klapperstorch, Langbein
Bring uns doch ein Kind heim,
Leg es in den Garten,
Will es fein warten;
Leg es auf die Stiegen,
Will es fein wiegen. [1]

Ort und Zeit der Geburt, der gesellschaftliche Status der Eltern und deren Lebens- und Vermögensverhältnisse sind die maßgeblichen Kriterien, aus denen sich die wirtschaftlichen, geschichtlichen, sozialen und kulturellen Bedingungen ergeben, in die das Kind hineingeboren wird.

In früheren Zeiten waren auch Beruf, Standes- und Religionszugehörigkeit der Eltern und ob diese verheiratet waren oder nicht, für den weiteren Lebensweg des Kindes entscheidend. Ein männlicher Adelsspross trat das Erbe des Vaters an, seinen Brüdern standen bei Eignung hohe Posten in Regierung, Militär und Kirche in Aussicht. Ein Bürgersohn übernahm das Handwerk des Vaters. Ein Bauernsohn – war er der Erstgeborene – wurde wieder Bauer, die jüngeren Brüder hatten in der Regel die Wahl zwischen einem Leben als Knecht, Kleinhandwerker oder Klosterbruder. Für die Töchter war nur in den allerseltensten Fällen eine Ausbildung oder gar ein Beruf vorgesehen. Sie mussten eine gute Partie machen, sollten sie ihren Familien nicht zeitlebens zur Last fallen, oder sie hatten als Dienstmädchen oder Mägde ein karges Auskommen. Zwar verloren mit dem Ende der Ständegesellschaft diese starren Lebenswegentwürfe zunehmend an Bedeutung, aber auch heute noch bestimmen die Herkunft der Eltern, ihre Bildung und ihr Vermögen in nicht unerheblichem Maß die Chancen des Nachwuchses.

Der Eintritt in das Leben, gar eine Zeit lang am Leben zu bleiben, war zu allen Zeiten schwer. Jahrhunderte lang lag die Geburtshilfe allein in den Händen der Hebammen.

Simultandarstellungen in einer Wöchnerinnenstube, Kupferstich aus dem »Hebammenbuch« von Jakob Rueff, Frankfurt am Main, um 1580

»Schon eine geraume Zeit her hat man erfahren, dass die schwanger gehenden Bürgersfrauen und -weiber allhier in ihren Geburten sehr unglücklich gewesen, indem sie schon zu den verschiedenen Malen leider tote Kinder zur Welt gebracht haben«, notierte am 8. August des Jahres 1770 der Marktschreiber in einer Sitzung des Dachauer Magistrats, der für die Anstellung der Hebammen verantwortlich war.[2] Seit dem 15. Jahrhundert gab es im Markt Dachau meist zwei approbierte Hebammen. Doch brachten Wegzug, Krankheit oder Tod der Hebammen immer wieder längere Phasen mit sich, in denen keine Hebamme vorhanden war.

Die älteste uns überlieferte Hebammenordnung aus der Mitte des 15. Jahrhunderts beinhaltet die Vorschriften und Bedingungen, die eine »geschworene«, d.h. öffentlich bestellte und vereidigte Hebamme erfüllen musste. Dazu gehörten neben einem soliden gottesfürchtigen Lebenswandel vor allem eine pflichtmäßige zwei- bzw. dreijährige Lehre und eine Prüfung bei einer ebenfalls »approbierten« Hebamme. Außerdem wurden die Befugnisse der Hebamme definiert und gegenüber denen der Ärzte und Chirurgen abgegrenzt. Dies lässt auf eine real bestehende Konkurrenz in der Geburtshilfe und auf eine wachsende Kluft im fachlichen Wissen schließen. Bezeichnenderweise stammt diese älteste bayerische Hebammenordnung aus der freien Reichsstadt Regensburg. So galten diese Vorschriften nur für einzelne Personen in einem begrenzten Territorium und nicht für die große Zahl der auf dem Land tätigen Hebammen, die weiterhin schlecht ausgebildet blieben. Diesen wachsenden Unterschied in der beruflichen Befähigung von Stadt- und Landhebammen versuchte man seitens der Obrigkeit seit dem 17. Jahrhundert durch weitere Regelungen in den Griff zu bekommen. Von 1699 an galt in Bayern eine landesherrliche Verordnung, die nun auch die Hebammen außerhalb der Residenz- und Reichsstädte dazu verpflichtete, nach der Lehre bei einer Hebamme, beim zuständigen Land- oder Stadtphysikus eine Prüfung abzulegen. Doch blieben diese obrigkeitlichen Bemühungen lange Zeit ohne Erfolg.

Die Hebammen besaßen keine Kenntnisse der Anatomie der Gebärorgane und zogen ihre Erfahrung aus eigenen Geburten und dem tradierten Wissen, das sie von ihren Vorgängerinnen übernahmen.

Erst im Verlauf des 18. Jahrhunderts zog der Staat die Kontrolle der medizinischen Versorgung seiner Untertanen mehr und mehr an sich. Seit dem 18. Jahrhundert gab es in München für ledige Mütter ein Geburtshaus. Die meisten Kinder kamen jedoch nach wie vor zu Hause zur Welt.

Geburt mit einer Wendungsschlinge, Kupferstich aus »Die Königlich Preußische (...) Hof-Wehe-Mutter« von Justine Siegemund, Berlin 1756

Die bayerische Medizinalpolizeiverordnung von 1782 sah vor, dass sich nun auch Wundärzte zu Accoucheuren, wie die männlichen Geburtshelfer genannt wurden, weiterbilden konnten. Der Dachauer Chirurg Kasimir Gebhard ergriff diese Möglichkeit und ließ sich in München im neu gegründeten Collegium Medicum zum Geburtshelfer ausbilden. Im Februar 1783 legte er dem Dachauer Magistrat seine Approbation zum »Accoucheur auf dem Lande« vor. Neben der Bestätigung seines guten theoretischen und praktischen Wissens, geht der Approbationstext ausführlich auf seinen zukünftigen Arbeitsbereich ein. So solle er »alles Arge, und allen Schaden, soviel an ihm ist, in Zeiten warnen und wenden, sein anvertrautes Amt nach seinem besten Wissen und Gewissen versehen, die Kindbetterinnen auf Verlangen fleissig, fleissig besuchen, und denselben mit Rath und Tath getreulich an Handen gehen, auch sonst alles dasjenige, was einem aufrichtigen Accoucheur amts- und pflichthalber zu thun obliegt, besorgen und verrichten.«[3] Doch wurde ein männlicher Geburtshelfer nur in schweren Fällen zu Hilfe gezogen. Auf dem Land kamen die Kinder weiterhin mit Hilfe der Hebamme zur Welt.

Nachdem die Hebamme das Kind geholt hatte, wurde es in ein sauberes, angewärmtes Tuch gehüllt und anschließend in einem warmen Bad mit Zusätzen von Kräutern, Wein und Salz gereinigt. Mit ihren Fingern befreite sie Mund und Nase des Neugeborenen vom Kindsschleim und tastete nach dem Zungenband. Erschien ihr die Zunge zu kurz angeheftet, durchtrennte sie das Band mit ihrem langen und scharfen Fingernagel, damit aus dem Kind kein Stotterer würde. Sie prüfte Nasenlöcher und After des Neugeborenen auf ihre Durchlässigkeit und sorgte mit einem abführenden Trank aus Rhabarber oder Rosenwasser dafür, dass das so genannte Kindspech ausgestoßen wurde. Zu den zweifelhaften Fertigkeiten der Hebamme zählte auch das Spitzen und Passen: hatte der kindliche Kopf eine längliche Form, gab sie ihm mit etwas Kraft eine runde Gestalt. Da eine vorgewölbte Stirn als häßlich galt, drückte die Hebamme sie mit der Hand platt. Wie Wilhelm Theopold meinte, »muß (es) für ein Kind schon ein großes Glück gewesen sein, wenn es dabei keine Hirnblutung erlitt.« Ebenfalls aus Mangel an Kenntnis pressten manche Hebammen aus den bei Neugeborenen hin und wieder angeschwollenen kleinen Brustdrüsen gewaltsam die »Hexenmilch« aus. Auch dies konnte leicht zu einer Entzündung führen. [4]

Neben dem mangelnden Wissen über die Anatomie der inneren Organe und den natürlichen Vorgängen im Körper der Frau waren auch die hygienischen Missstände, die oft rasch aufeinanderfolgenden Geburten und die häufig sehr schlechte körperliche Verfassung der Frauen, die nicht selten bis zur Stunde der Niederkunft ihrer Arbeitsverpflichtung nachgingen, weitere Ursachen für risikoreiche Geburten, die Kind und Mutter in Gefahr brachten und nicht selten für einen der beiden, wenn nicht beide, tödlich endete.

Die grundsätzliche Frage nach eigenen Kindern – ob ja oder nein? – wie sie heute in der westlichen modernen Gesellschaft von Frauen wie Paaren zu bestimmten Zeiten für ihre persönliche Lebensplanung gestellt und entschieden wird, trifft für die vergangenen Jahrhunderte nicht zu. Eine Heirat beinhaltete grundsätzlich auch die Erwartung von Kindern und die Bereitschaft, diese aufzuziehen.

Aus Sorge und Angst vor den Gefahren während der Schwangerschaft, der Geburt und des Wochenbetts suchten die Frauen, ob allein oder zusammen mit ihrem Mann, auch Kirchen und Wallfahrtsorte auf, um den göttlichen Beistand und Hilfe zu erflehen. Auch bei ausbleibendem Kindersegen wandten sich die Paare, häufig mit reichen Dotationen, an die himmlischen Helfer.

Gebärmutterkröte, Wachsmotiv, 2. Hälfte 19. Jahrhundert (siehe Katalogteil S. 23)

Andererseits war nicht jede Schwangerschaft gewollt. Aus Mangel an geeigneten und sicheren Methoden zur Schwangerschaftsverhütung kam es sehr häufig zu unerwünschten Kindern. Bis Mitte des 19. Jahrhunderts wurden unverheiratete schwangere Frauen zur öffentlichen Abschreckung an den Pranger gestellt. Sie und ihre Kinder waren gesellschaftlich geächtet. Die Kirche bestrafte außerehelichen Geschlechtsverkehr und dessen Folgen gar mit dem großen Kirchenbann, der Exkommunikation.

Begünstigt wurde die hohe Zahl ungewollter Kinder auch durch eine strikte Heiratsgesetzgebung um 1800, mit der man eine »Reproduktion von Armut« verhindern wollte. Für die sozial schwachen Schichten war es damit schwer eine Familie zu gründen. Die Folge war ein enormer Anstieg an unehelichen Kindern. Die Geburtenstatistik verzeichnet im Zeitraum von 1851 bis 1856 für Oberbayern insgesamt 25 173 Geburten. Davon kamen 18 909 Kinder in ehelichen Verhältnissen zur Welt, 6 264 Kinder wurden unehelich geboren. Dieses Verhältnis von 3:1 blieb im gesamten 19. Jahrhundert annähernd konstant. [5] In München war der Anteil der unehelichen Kinder mit 42 bis 46 Prozent besonders hoch. Ein großer Teil der Neugeborenen war also allein durch seine Geburt nicht nur gesellschaftlich diskriminiert, sondern auch rechtlich schlechter gestellt als dessen ehelich geborene Geschwister. [6]

In seiner Beschreibung der Haupt- und Residenzstadt München zählt Lorenz Westenrieder 1782 fünf Münchner Waisenhäuser auf, die jeweils zwischen 40 und 60 Kinder beherbergten. Um die schlechte Stellung der unehelichen Kinder zu verbessern, hatte Kurfürst Karl Theodor 1781 für die Kinder der Waisenhäuser beim Heilig-Geist-Spital und zu St. Andreas und Johannes d. Täufer in der Au eine öffentliche »Conceßion ertheilt, vermög welchem alle diejenigen Kinder, welche zur Erziehung dermals allda sich befinden, und noch auf ewige Zeiten nachkommen werden, sogleich durch die Aufnahm und den Eintritt in solches Waisenhaus von aller Geburtsmackel ohne Ausnahm gereiniget seyn, und den ehelich, oder ehrlich gebohrnen gleich gehalten, auch ihnen von niemand bey höchster Ungnade der mindeste Vorwurf, oder andere Hindernisse erzeiget werden sollen.«[7]

Manche ungewollt schwangeren, meist ledigen Frauen suchten in ihrer verzweifelten Situation eine so genannte Engelmacherin auf, meist eine zweifelhafte Person, die nicht davor zurückschreckte, auch mit unzulänglichen Gerätschaften und Hilfsmitteln wie Stricknadeln, Laugen und Säuren den Fötus im Mutterlieb zu töten und herauszuholen. Diesen Eingriff mussten die Frauen meist mit schweren Infektionen oder gar mit dem Leben bezahlen.
Vor allem heiratswillige Dienst- und Bauernmägde sind unter den Müttern zu finden, die aus Angst vor dem Pranger, Auspeitschung, Zuchthaus und entehrenden Kirchenbußen, welche nach dem außerehelichen Geschlechtsverkehr drohten, nur noch im Kindsmord einen Ausweg sahen.[8]

Da Kindsmord als ein besonders ruchloses und widernatürliches Verbrechen galt, stand darauf die Todesstrafe. Seit der Mitte des 18. Jahrhunderts wurden die sozialen Ursachen und psychologischen Bedingungen, die diesem Verbrechen zu Grunde liegen, zunehmend öffentlich diskutiert. Man sah im Kindsmord nun nicht mehr schlechthin die todeswürdige Untat eines moralisch haltlosen Wesens, sondern erkannte darin vielfach eine Verzweiflungstat. Gretchen in Johann Wolfgang von Goethes Drama »Faust« ist wohl die berühmteste Kindsmörderin der klassischen Literatur.[9]

Über die hohe Sterblichkeit der Mütter im Landgericht Dachau berichtet 1792 Lorenz von Westenrieder: »Es gibt in diesem District eben nicht viele alte Leute, und ein Mann mit siebzig Jahren ist schon eine Art von Seltenheit. Die meisten sterben in ihrem besten Alter an hitzigen Fiebern oder an der Wassersucht (...). Noch hundertmal schlimmer sind die Weiber dran und man erzählte mir all mit großem Wehklagen eine Menge Fälle, wo durch Mangel an Hilfe, Einsicht und nachdenkender Erfahrung die Mutter mit dem Kind auf eine grauenvolle und grausame Weise zu Grunde gegangen ist. Geht die Geburt, ich möchte beynahe sagen, zufälliger Weise glücklich vorüber, so sind von zehn Weibern nicht zwey so glücklich, ein Wochenbett von acht Tagen halten zu können. Schon den zweyten und dritten Tag müssen sie sich aufschleppen, für das Gesinde zu kochen und andere Arbeiten der häuslichen Wirtschaft zu verrichten.«[10]

Der Münchner Hofstabsarzt und Privatdozent Dr. Joseph Wolfsteiner hielt Mitte des 19. Jahrhunderts die ungeeignete Ernährung der Säuglinge und Kleinkinder für den Hauptgrund der »abnorm großen Sterblichkeit« in den ersten Lebensjahren.[11] Der überwiegende Teil der Kleinkinder musste auf die Muttermilch als erste Säuglingsnahrung ganz verzichten. Stattdessen wurde sehr früh mit Mehlbrei gefüttert. In der Residenzstadt München wurden um 1860 immerhin rund die Hälfte der Säuglinge mit Mutter- oder Ammenmilch ernährt, während die Kinder auf dem flachen Land und in den Arbeiterfamilien kaum gestillt wurden. Wolfsteiner sieht den Grund für die mangelnde Stillbereitschaft bzw. -fähigkeit der Mütter in der ungenügenden Schonzeit der Mutter nach der Geburt. Nur in Ausnahmefällen konnten die Mütter das traditionell sechswöchige Kindbett einhalten. Meist gingen sie bereits kurze Zeit nach der Geburt wieder an ihre gewohnte Arbeit in Haus, Garten, Stall und auf dem Feld. »Die Arbeiterfamilien, besonders die Landleute, gewinnen meist mit schwerer Mühe, mit vielem Schweiße ihr Brot, es hat für sie die Arbeit, der Erwerb einen Wert, der den Mittelpunkt ihrer Lebensaufgabe bildet und andere menschliche Empfindungen häufig in den Hintergrund drängt; die Mutter verleugnet das natürliche Gefühl, welches sie auffordert, ihrem Säugling die Brust zu reichen, um nicht durch das Säugen in ihrer Arbeit behindert zu sein.«[12]

Der frühe Tod der Mutter bei der Geburt eines jüngeren Geschwisterchens gehörte für viele Kinder zu den ersten schmerzvollen Lebenserfahrungen. Maria Hartl, Jahrgang 1903, gehörte zu den Kindern, die ihre Mutter sehr früh im Kindbett verloren hat: »Als der Stall gebaut wurde, hab ich die Mutter gesehen, wie sie immer draußen war und einen Haufen Erde wegschaufelte. (…) Vielleicht hat unsere Mutter deswegen eine Fehlgeburt gehabt. Mutter bekam das Wochenbettfieber und musste von uns gehen. Das war am 4. April 1907. Es war am Abend. Wir Kinder, die noch zu Hause waren, standen an ihrem Bett und beteten. Vater konnte nicht dabei sein, als sie starb, weil im Stall gerade eine Kuh ihr Kalb zur Welt brachte. Meine Mutter war erst 41 Jahre alt. Wenn halt mehr Geld da gewesen wäre, vielleicht hätt sie nicht sterben müssen. (…) Ich sehe diese alte Frau heute noch vor meinen Augen, als Mutter beerdigt wurde. Sie wird wohl eine alte Base oder so was gewesen sein, weil sie uns Kindern ein Körbchen voll Eierwecken und Zuckerschnecken mitgebracht hat. Als unsere Mutter begraben und die Kirche aus war, durften wir die Sachen essen. Da sagten wir, mein Bruder Markus und ich (er war fünf, ich dreieinhalb): ›Unsere Mutter dürfte alle Tage sterben.‹ Wie muß das Vater weh getan haben! Aber wir haben es ja nicht verstanden. Wir hatten halt noch nie so was Gutes bekommen.« [13]

Der Tod der Mutter traf die Kinder meist völlig unvorbereitet, dementsprechend hilflos standen sie dem Geschehen gegenüber. Auch Anna Wimschneider erzählte im Rückblick auf ihr Leben: »Da kam bei der Haustüre die Fanny heraus mit unserem Badwandl und schüttete nahe beim Haus viel Blut aus. Wir blieben alle ringsherum stehen und sagten, heh, heh, was haben wir denn geschlachtet? Sie sagte, das ist von der Mutter. Haben wir denn die Mutter geschlachtet? Wir wollten zur Mutter hinein. Sie sagte, bleibt noch da stehen, ich sag es euch schon, wenn ihr reingehen dürft. Wir warteten. Dann zogen wir die Stiege hinauf in die obere Stube. Es begegneten uns zwei Männer in weißen Kitteln. Zwei Nachbarinnen standen da, und der Vater und alle weinten. Die Mutter lag im Bett sie hatte den Mund offen und ihre Brust hob und senkte sich in einem Röcheln. Im Bettstadl lag ein kleines Kind und schrie, was nur rausging. Wir Kinder durften zur Mutter ans Bett gehen und jedes einen Finger in die Hand nehmen. Später wurden wir wieder hinausgeschickt. Am Abend kamen die Nachbarn und viele Leute zum Rosenkranzbeten. Die Mutter lag im Vorhaus, in der Fletz aufgebahrt. Ihre schönen rötlichen Haare waren in Locken gekämmt, wie sie dies immer vor dem Spiegel getan hatte. Sie hatte ein schwarzes Kleid an, und Schuhe hatte sie auch an. Wir Kinder fragten, warum hat die Mutter Schuhe an? Die Nachbarin sagte, dass das ein alter Brauch ist, denn die Wöchnerin muß auf Dornen in den Himmel gehen.« [14]

Säuglingsportrait auf einem Storchennest, Atelierfotografie um 1915

1
Aus: Heinrich Wolgast, Schöne alte Kinderreime für Mütter und Kinder, Buchschmuck von Josef Mauder, München (Buchverlag der Jugendblätter) o. J. (um 1925), S. 34.

2
Ratsprotokoll des Dachauer Magistrats vom 8. August 1770 (Stadtarchiv Dachau: RPr fol. 88').

3
Abschrift des Zeugnisses im Ratsprotokoll des Dachauer Magistrats (Stadtarchiv Dachau: RP fol. 15 vom 14. Februar 1783).

4
Wilhelm Theopold, Das Kind in der Votivmalerei, München 1981, S. 19.

5
Michael Siebert, Statistik, in: Bavaria. Landes- und Volkskunde des Königreichs Bayern, Bd. I/2, München 1860, S. 242-250.

6
So waren uneheliche Kinder vom väterlichen Erbe ausgeschlossen. Diese Ungleichbehandlung dokumentiert auch noch das Grundgesetz von 1949. In Artikel 6, Paragraph 5 heißt es: »Den unehelichen Kindern sind durch die Gesetzgebung die gleichen Bedingungen für ihre leibliche und seelische Entwicklung und ihre Stellung in der Gesellschaft zu schaffen wie den ehelichen Kindern.« Erst das »Gesetz über die rechtliche Stellung der nichtehelichen Kinder« aus dem Jahr 1969 trug in ersten Schritten zu einer wesentlichen Verbesserung, wenn auch nicht völligen Gleichstellung von unehelichen und ehelichen Kindern bei. Erst seit 1998 sind unehelich geborene Kinder den ehelichen wirklich gleichgestellt.

7
Lorenz von Westenrieder, Beschreibung der Haupt- und Residenzstadt München im gegenwärtigen Zustande, München 1782, S. 249f.

8
Hierzu: Katharina Schrader, Vorehelich, außerehelich, unehelich ... wegen der großen Schande. Kindstötung im 17. und 18. Jahrhundert in den Hildesheimer Ämtern Marienburg, Ruthe, Steinbrück und Steuerwald, Hildesheim 2006 und Peter Dreier, Kindsmord im Deutschen Reich unter besonderer Berücksichtigung Bayerns im späten 19. und frühen 20. Jahrhundert, Marburg 2006. – In der »Carolina« der »Peinlichen Gerichtsordnung« Karls V. von 1532 wurde der Kindsmord erstmals als eigenständiger Straftatbestand erfasst und mit Begraben bei lebendigem Leib oder Pfählen bestraft. Dies galt im Deutschen Reich bis in das 18. Jahrhundert.

9
Als Goethe das Faust-Drama zwischen 1788 und 1797 verfasste, war das Strafrecht bereits dahingehend modifiziert worden, dass der Kindsmord nur mehr als vorsätzliche Tötung beurteilt wurde.

10
Lorenz Westenrieder, Beschreibung des churfürstlichen Landgerichtes Dachau, in: Beyträge zur vaterländischen Historie, Geographie, Staatistik und Landwirtschaft sammt einer Übersicht der schönen Literatur, Bd. IV, München 1792, S. 399.

11
Joseph Wolfsteiner, Volkskrankheiten und Volksmedizin, in: Bavaria. Landes- und Volkskunde des Königreichs Bayern, Bd. I/2, München 1860, S. 454.

12
Ebd., S. 455f.

13
Maria Hartl, Häuslerleut, München 1986, S.9.

14
Anna Wimschneider, Herbstmilch. Lebenserinnerungen einer Bäuerin, München 1984, S. 7.

Schwangerschaft und Geburt

Apothekerkröte

o. Abb.
Modell einer männlichen Erdkröte (bufo bufo), so genannte Geburtshelferkröte,
Marcus Sommer, Somso Modelle Coburg, (ZoS 1012)

Mit Hilfe von Kröten und Fröschen konnte die Schwangerschaft einer Frau festgestellt werden. Dazu wurden dem Tier Urin oder Blutserum der zu testenden Frau injiziert. Setzte das Weibchen nach 12 bis 24 Stunden Laich ab, bzw. ein männliches Tier Samenflüssigkeit, galt die Frau als schwanger. Da der Test häufig vom Apotheker durchgeführt wurde, bezeichnete man die dazu verwendeten Tiere auch als »Apothekerfrösche«, bzw. »-kröten«. Diese biologische Methode zur Früherkennung einer Schwangerschaft wurde in den 1930er Jahren von dem südamerikanischen Arzt Carlos Galli Mainini entwickelt und war bis in die 1960er Jahre üblich. Ähnliche Verfahren wurden auch mit Mäusen, Ratten, Kaninchen und Regenwürmern durchgeführt.

Lit.: www. muvs.org (Museum für Verhütung und Schwangerschaftsabbruch Wien)

Der Storch als Kinderbringer

o. Abb.
Silberminiatur, Höhe: 7,4 cm, um 1900,
Privatbesitz

»Wo die Störche nisten, da sterben keine Wöchnerinnen«, sagt ein altes Sprichwort. Der Storch als Glücksbringer ist bereits in der frühen Neuzeit bekannt. Als Kinderbringer trat er, zumindest in Süddeutschland, erst seit dem 19. Jahrhundert den Dienst an. Vielleicht war die vorbildliche Brutpflege der Störche dafür ausschlaggebend, dass ihm die Rolle des Kinderbringers zufiel. Konrad von Megenberg schrieb 1350 in seinem »Buch der Natur«: »die storchen habent grossen fleiß und grosse lieb zuo irn kinden und lassent ir aigen federn reisen in ir nest, wann sy pruetent darumb daß diu kindlin senfft sitzen.«
Obwohl der Storch als Erklärungsmodell auf die Frage der Kinder, woher die kleineren Geschwister kommen, längst ausgedient hat, ziert er mehr denn je die Geburtsanzeigen und Glückwunschkarten zum freudigen Ereignis, ja sogar die Eingänge zu den Geburtsabteilungen der Krankenhäuser.

Zitat: Cunrat von Megenberg, Hie nach volgt das buch der natur. Innhaltende zum ersten vo(n) eigenschafft vnd natur deß menschen. Darnach von der natur vn(d) eigenschafft deß hymels. D(er) tier. des gefügels. der kreüter. D(er) stein. Vn(d) von vil andern natürlichen dingen, Augspurg 1499, S. 128. – Zitiert nach: http://diglib.hab.de/inkunabeln/45-1-phys-2f/start.htm?image=00128.

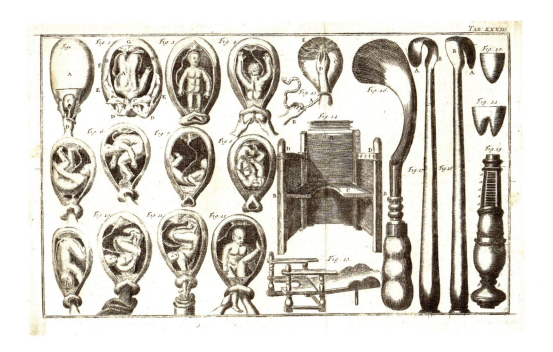

Die Lagen des Kindes im Mutterleib und Gerätschaften der Geburtshilfe

Kupferstich, aus: D. Lorenz Heisters Chirurgie in welcher alles, was zur Wundarzney gehöret. Nach der neuesten und besten Art, gründlich abgehandelt und in acht und dreysig Kupfertafeln die neuerfundenen und dienstliche Instrumente nebst den bequemsten Handgriffen der chirurgischen Operationen und Bandagen deutlich vorgestellet werden.
Quartband in lederbezogene Holzdeckel gebunden, Messingschließen fehlen, mit 38 ausklappbaren Kupferstichen, Nürnberg 1763,
Bezirksmuseum Dachau, Slg. Museumsverein Dachau, Inv. B-HA 18

Der deutsche Botaniker und Arzt Lorenz Heister (1683–1758) schrieb mehrere medizinische Bücher, darunter 1719 das erste in deutscher Sprache erschienene wissenschaftliche Werk über Chirurgie. Dieses Buch erlebte mehrere Auflagen und Überarbeitungen durch den Verfasser und wurde zum Standardwerk der chirurgischen Lehre an den Universitäten und zur Pflichtlektüre für angehende Baderchirurgen und Hebammen. Wahrscheinlich stammen auch die zahlreichen großen Kupfertafeln von Lorenz Heister selbst. In der »Chirurgie« widmete Heister ein umfassendes Kapitel auch dem Kaiserschnitt, der im Mittelalter noch von den Hebammen durchgeführt wurde und seit etwa 1800 zu den Aufgaben der Ärzte zählte.

Lit.: Marion Maria Ruisinger, Ein Chirurg als Geburtshelfer. Erfahrungen, Erfolge und Enttäuschungen aus der Praxis Lorenz Heisters, in: Auf Leben und Tod. Zur Geschichte der Entbindungskunst (Ausstellungskatalog des Deutschen Medizinhistorischen Museums Ingolstadt), Ingolstadt 2009, S. 20-33.

Modell einer Schwangeren

o. Abb.
Farblithographie, montiert, Höhe: 30,5 cm,
aus: Dr. Fischer, Für junge Mütter. Belehrungen über
Schwangerschaft, Wochenbett und Kindespflege.
Anhang: Wie erzielt man eine leichte Entbindung?,
Berlin o. J. (um 1905),
Bezirksmuseum Dachau, Slg. Dachauer Galerien
und Museen, Inv. B 4546

Heute können werdende Mütter und Väter per Ultraschall einen Echtzeit-Blick in das Innere der Gebärmutter werfen, um das eigene heranwachsende Kind im Mutterleib zu beobachten. Dies ist erst seit rund 30 Jahren eine gängige Praxis in der pränatalen medizinischen Vorsorge. Zuvor war es Jahrhunderte lang nur Ärzten möglich, bei Kaiserschnitten oder verstorbenen schwangeren Frauen einen Blick in den Uterus zu werfen. In Form von Zeichnungen in Lehrbüchern wurden die daraus gewonnenen Erkenntnisse über Gestalt und Aussehen des Kindes in seinen ersten neun Lebensmonaten dokumentiert und verbreitet. Gegen Ende des 19. Jahrhunderts erschienen die ersten Ratgeber für Frauen, die sich darum bemühten, über die Vorgänge im weiblichen Körper aufzuklären, wie hier mit Hilfe eines mehrfach aufklappbaren Modells einer schwangeren Frau.

Maria in der Hoffnung

Kopie des Gnadenbildes der Wallfahrt Bogenberg,
Lindenholz, gefasst, Höhe: 27 cm, 18. Jahrhundert,
Bezirksmuseum Dachau, Slg. Museumsverein
Dachau, Inv. RV 1412

Die Wallfahrt auf den Bogenberg im Bistum Regensburg gilt als älteste Marienwallfahrtskirche Bayerns. In der Kirche befinden sich zwei Gnadenbilder. Neben einer älteren Madonna aus dem 13. Jahrhundert wird dort eine bekleidete, steinerne Figur der »Maria gravida« aus dem frühen 15. Jahrhundert verehrt. Dieser Gnadenbildtypus der schwangeren Maria ist für Bayern einmalig und ansonsten vor allem auf der iberischen Halbinsel verbreitet. Zur Bogenberger Madonna wallfahrteten insbesondere schwangere Frauen und Paare mit unerfülltem Kinderwunsch. Im 18. und 19. Jahrhundert fanden Kopien dieses Marientypus als Wallfahrtsdevotionalien weitere Verbreitung und wurden in der Adventszeit als Frauentrage-Bilder von Haus zu Haus getragen.

Lit.: Gregor Martin Lechner OSB, Das Bogenberger Gnadenbild der »Maria in der Hoffnung«, in: Maria allerorten. Die Muttergottes mit dem geneigten Haupt, Landshut 1999, S.112-122.

**Gebärmuttervotive:
Kröte und Stachelkugel**

Abb. S. 15
Kröte: roter Wachsguss, Höhe: 15 cm,
2. Hälfte 19. Jahrhundert,
Bezirksmuseum Dachau, Slg. Museumsverein
Dachau, Inv. RV 1360

o. Abb.
Stachelkugel: Holz, gedrechselt und geschnitzt,
rostrot bemalt, Durchmesser: 19,5 cm,
Mitte 19. Jahrhundert,
Bezirksmuseum Dachau, Slg. Dachauer Galerien
und Museen, Inv. RV 1358

Wie das Stachelkugelvotiv gehört auch die Kröte zu den symbolischen Bildopfern, die die Gebärmutter versinnbildlichen. Die Vorstellung von lebenden Tieren im menschlichen Körper, die durch ihre Bewegungen Krankheiten verursachen können, reicht bis in die Antike zurück. Die Art und Weise und der Verlauf der Geburtswehen hat im süddeutschen Raum zur Vorstellung geführt, dass der Uterus die Gestalt einer Kröte habe, die sich frei im Körper bewegt, beißt und dadurch Schmerzen verursacht. Diese Vorstellung wurde dahingehend erweitert, dass die Kröte die Verursacherin aller Unterleibserkrankungen sei.

Begrenzt auf den Südtiroler Raum hat sich die Vorstellung von der »Bärmutter« in Gestalt einer Stachelkugel entwickelt. Die rundherum in einer hölzernen Kugel steckenden, spitz zulaufenden Holzstacheln verdeutlichen auf drastische Weise die von der Gebärmutter ausgehenden Schmerzen.

Lit.: Nina Gockerell, Bilder und Zeichen der Frömmigkeit. Sammlung Rudolf Kriss, München 1995, S. 115 f.

Votivgabe

Darstellung eines Fatschenkindes, Hohlguss aus rotem Wachs, Seidenband mit 99 Münzen, Spanschachtel, Höhe: 50 cm, 1. Viertel 18. Jahrhundert,
Bezirksmuseum Dachau, Slg. Museumsverein Dachau,
Inv. RV 1353

Ehepaare, deren Kinderwunsch unerfüllt blieb oder die in Sorge um das Kleinkind waren, wie auch Schwangere in ihrer Angst um das noch ungeborene Kind opferten vor dem Gnadenbild der aufgesuchten Wallfahrt häufig Votivgaben in Form eines Fatschen- oder Wickelkindes, um Hilfe in ihrem Anliegen zu erlangen.
Bei diesem außergewöhnlich großen Fatschenkind handelt es sich um eine besonders kost-

bare Votivgabe. Das Fatschenkind stammt aus der Werkstatt der Wachszieherei Hipp in Pfaffenhofen a. d. Ilm und ist das größte der dort angebotenen Fatschenkind-Darstellungen. Aus rotem Wachs dickwandig gegossen, war es erheblich teurer als ein Exemplar aus ungefärbtem Wachs. Dazu wurde die Votivgabe mit 99 unterschiedlichen Münzen aus den Jahren 1699 bis 1708 behängt und in eine eigens angefertigte Holzschachtel gelegt.

Das wächserne Fatschenkind ist der bisher einzige bekannte alte Abguss, da geopferte Wachsvotive zur Deckung des Kerzenbedarfs der Wallfahrtskirche regelmäßig eingeschmolzen wurden.

Lit.: Hans Hipp, Votivgaben, Heilung durch den Glauben, Pfaffenhofen 1984, S. 58 f.

Mirakelbuch der Wallfahrt zur Glonnkapelle bei Petershausen

o. Abb.
Schriftliche Eintragungen von unterschiedlicher Hand, Tinte auf Papier, fadengebunden, lederbezogener Holzdeckeleinband, 21 x 18 x 3 cm, 1736 – 1785, Katholische Pfarrkirchenstiftung Petershausen

»Beneficia de Anno 1746. (…) Anna Catharina Rätzin Fannenschmuttin (?) hat sich in gefährlich Kündtsnöthen verlobt zu dem schmertzhaften Heylandt in der Veldt Capell am Glonsteeg, mit 3 weiß gekleydeten Jungfraun, und alhero mit ainer Hl: Mess und Opfer, ist ohne Anstandt und weithers Geburtsschmertz entbunden worden.« Im 18. Jahrhundert entwickelte sich eine rege Wallfahrt zu der zwischen Petershausen und Kollbach gelegenen »Wies-Kapelle am Glonnsteg«. Dort wurde das Kultbild des »Schmerzhaften Heilands«, einem seltenen ikonographischen Typus des »Schulterwundenheilands«, verehrt. In dem von Pfarrer Michael Hörmann (1682–1763) 1736 begonnen Mirakelbuch sind über 350 Gebetserhörungen verzeichnet, darunter auch mehrere Eintragungen über schwangere Frauen und kranke Kinder, denen himmlische Hilfe zuteil wurde. Das Buch befindet sich heute als Dauerleihgabe im Bezirksmuseum Dachau.

Zitat: Mirakelbuch der Wallfahrt zur Glonnkapelle bei Petershausen. Eintrag im Jahr 1746.
Lit.: Robert Böck, Volksfrömmigkeit, in: Chronik der Gemeinde Petershausen. Geschichte, Band 2: Kunst und Kultur, Petershausen 2000, S. 99–102.

Gebärmutteramulette

a) Krötenamulett:
Messing, graviert,
Durchmesser: 1,7 cm,
18. Jahrhundert
Bezirksmuseum Dachau,
Slg. Museumsverein
Dachau, Inv. RV 1257

o. Abb.
b) Krötenamulett: Steinbockshorn, geschnitzt,
Höhe: 4,8 cm, 18. Jahrhundert,
Bezirksmuseum Dachau, Slg. Dachauer Galerien
und Museen, RV 1103

Aus Mangel an Kenntnissen über die Vorgänge im menschlichen Körper entwickelte sich die Vorstellung des Uterus als krötenartiges Lebewesen im Körper der Frau, das für die Unterleibsschmerzen und insbesondere für die Geburtsschmerzen verantwortlich sei. Dem Krötenamulett aus Steinbockshorn wurde über die Sinnbildhaftigkeit hinaus auch eine magisch-medizinische Wirkung zugesprochen, da das Horn des Steinbocks als krampflösend galt. Welch große Bedeutung dem Steinbock und vergleichbaren Tieren zugesprochen wurde, wird am Beispiel der bischöflichen Hofapotheke in Salzburg ersichtlich. Unter Fürstbischof Guidobald von Thun (1654–1668) wurde die Hofapotheke um eine eigene Steinwildabteilung erweitert. Alle Steinbockteile, die von Jägern und Untertanen gefunden wurden, mussten dort abgeliefert werden. »Für jedes Horn von einem umgekommenen Steinbock erhielt der Finder zwei Reichsthaler«.

Zitiert nach: Lieselotte Hansmann und Lenz Kriss-Rettenbeck, Amulette. Magie. Talisman, München 1977, S. 128.

Klapper- oder Adlerstein

Toneisenstein mit losem Einschluss, Silberfassung,
Durchmesser: 4,1 cm, 18. Jahrhundert,
Bezirksmuseum Dachau, Slg. Dachauer Galerien und
Museen, Inv. RV 1104-I

Der Adler- oder Klapperstein galt als ein besonders in Geburtsnöten hilfreiches Amulett und war bereits in der Antike weit verbreitet. Plinius d. Ä. berichtet von ihm ausführlich in seiner Naturgeschichte, so müsse er im Nest eines Adlers gefunden werden und sei nur dann wirksam, wenn man ihn selbst aus dem Nest hole. Die Bezeichnung »Klapperstein« bezieht sich auf die eingeschlossene Konkretion im Innern des hohlen Tonerdesteins, die mit der Leibesfrucht der schwangeren Frau verglichen wurde. Daher trugen Frauen das Amulett als Schutz vor einer Frühgeburt oder zur Erleichterung während der Geburt bei sich. Aus Italien ist bekannt, dass die Frauen dort für die Zeit der Schwangerschaft das Amulett gegen eine Leihgebühr ausleihen konnten.

Lit.: Marie Andree-Eysn, Volkskundliches aus dem bayrisch-österreichischen Alpengebiet, Faksimile der Ausgabe von 1910, Hildesheim – New York 1978, S. 140.

Wehenfläschchen

Mundgeblasenes und geschliffenes Kristallfläschchen mit Reliquien der »Tumbae S. Alojsii et S. Stanis Kost.«, leonische Goldborte, Papierstreifen, Holzsplitter,
Höhe: 11 cm, 18. Jahrhundert,
Bezirksmuseum Dachau, Slg. Dachauer Galerien und Museen, Inv. RV 1284

Im Fläschchen sind zwei Reliquien, namentlich Holzsplitter vom Grab der Heiligen Aloisius und Stanislaus Kostka, untergebracht. Die beiden Jesuiten wurden 1726 gemeinsam heiliggesprochen.
Während der Geburt wurde der Frau das Gebärfläschchen in die Hand gegeben. Da man glaubte, dass das Geschlecht des Kindes noch unter den Wehen beeinflusst werden kann, hielt die Frau es in der rechten Hand, um einen Jungen, in der linken Hand, um ein Mädchen zu bekommen.

Wehenkreuz

Kreuzförmiger Anhänger aus geschliffenen Malachitsteinen, Silberfassung, rückseitig graviert, 9 x 7 cm, 18. Jahrhundert,
Bezirksmuseum Dachau, Slg. Dachauer Galerien und Museen, Inv. RV 1122

Bereits im alten Ägypten war Malachit ein beliebter Mineralstein zur Herstellung von Schmuckstücken und Amuletten. Dabei galt seine intensive grüne Farbe als ein Symbol für alles Lebendige und für das Wachstum. Als Heilstein wurde er besonders bei Frauenleiden und während der Geburt eingesetzt, weshalb er auch als Hebammenstein bezeichnet wurde. Trotz der kreuzförmigen Darstellung ist das Wehenkreuz nicht als ein christliches Symbol anzusehen, sondern hat ausschließlich Amulettcharakter.

Lit.: Hans Otto Münsterer, Amulettkreuze und Kreuzamulette. Studien zur religiösen Volkskunde, Regensburg 1983, S. 20.

Seidene Länge

o. Abb.
Seidenband, bemalt, in der Länge der Muttergottes und des Jesuskindes, mit Angaben über Kopfumfang, dargestellt sind u.a. das Gnadenbild und die Casa Santa von Loreto, das Christusmonogramm und zwei Fechtende, Länge: 180 cm, 18. Jahrhundert,
Bezirksmuseum Dachau, Slg. Dachauer Galerien und Museen, Inv. RV 1124-I

Das Tragen von »Heiligen Längen«, schmalen Papierstreifen mit aufgedruckten Gebeten, Anrufungen und Beschwörungen, galt als probates Mittel zur Abhaltung jeglichen Unheils an Leib und Seele. Im Verlauf des 17. Jahrhunderts verselbständigte sich dieses »Längen«-Brauchtum. Die durch das Anberühren an Kultobjekten geweihte Seidenbänder wurden insbesondere von den gebärenden Frauen als heilbringende und kraftspendende Amulette verwendet.

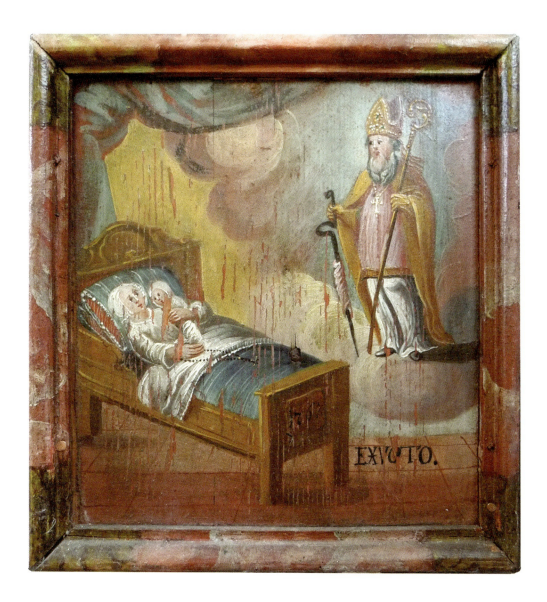

Mutter mit Kind im Wochenbett

Öl auf Fichtenholz, polychromer Holzrahmen,
24 x 22,5 cm, datiert: 1767,
Katholische Kirchenstiftung Heiligenberg,
Gde. Schönau/Rottal-Inn, o. Inv.

Das »Kindbett«, das die ersten Tage und Wochen nach der Geburt umfasst, war eine für Mutter und Kind äußerst gefahrvolle Zeit. Das Votivbild zeigt eine junge Mutter mit ihrem Kind im Wochenbett. In erhöhter Position neben dem Bett steht der Hl. Erasmus im Bischofsgwand mit Mitra und Stab auf einer Wolke. In der rechten Hand hält er eine Darmhaspel/Winde als Hinweis auf sein Martyrium. Erasmus lebte als Bischof im 3. Jahrhundert in Antiochien und erlitt unter Kaiser Diokletian um das Jahr 300 den Märtyrertod. Seit dem 6. Jahrhundert wird er kultisch verehrt. Seit dem Mittelalter zählt er zu den 14 Nothelfern und wird vor allem bei Unterleibsbeschwerden, Koliken und Bauchschmerzen angerufen.

»Der vordere trug einen Pickel auf der Schulter, der andere eine Schaufel, und sie gingen gegen die Kirche zu, in den Friedhof.

Die eiserne Gittertür kreischte und fiel klirrend ins Schloß. Nun konnte es jeder wissen, daß die beiden Totengräber waren, und daß an diesem schönen Tage, mitten in dem emsigen Leben, ein Mensch gestorben war.

Die zwei blieben nicht im Friedhof, sie stiegen über die niedrige Mauer und fingen neben derselben in einem verwahrlosten, kleinen Grasflecke zu graben an.

Das war ungeweihte Erde, in die man Selbstmörder und ungetaufte Kinder legt. Es hatte sich aber kein Erlbacher selbst entleibt, sondern das neugeborene Kind des Schullerbauern Andreas Vöst war unter den Händen der Hebamme gestorben.

Diese Person hatte nicht die Geistesgegenwart, sogleich die Nottaufe zu vollziehen; die Mutter war bewußtlos, und sonst war niemand anwesend, denn alle Hände waren zur Arbeit aufgeboten.

So geschah es, daß die kleine Vöst nicht in den Schoß der heiligen Kirche gelangte und als Heidin nach einem viertelstündigen Leben verstarb.

Ich weiß nicht, ob der liebe Gott den unchristlichen Zustand eines Kindleins so hart beurteilt wie seine Geistlichen, aber das eine ist gewiß, daß es nicht in geweihter Erde ruhen darf, worein nur Christen liegen; darunter manche sonderbare.

Also deswegen warf der Totengräber Kaspar Tristl mit seinem Sohne neben der Kirchhofmauer die Grube auf. (...)

›Wenn er g'scheit g'wen woar, hätt er g'sagt, daß er eahm selm g'schwind d'Nottauf geben hat.‹ – Er meinte den Schuller.

›Ja no,‹ sagte der Sohn und schaufelte gleichmütig weiter.

Der Alte spuckte in die Hände und brummte:
›Eigentli is's dumm.‹

Dann arbeitete er wieder drauf los, und nach einer Weile war das Grab fertig. Es war klein und unansehnlich. Und da die Erde nicht sorgfältig daneben aufgeschichtet war, sondern mit Grasstücken untermengt herumlag, sah es recht jämmerlich aus.

Tristl dachte wohl, daß es für ein Heidenkind schön genug sei, und er stieg bedächtig über die Mauer zurück.«

Aus: Ludwig Thoma, Andreas Vöst. Bauernroman, München 1906, S. 2 ff.

Vom Heidenkind zum Christ – Taufe und »Weisat«

*An Heiden trag i furt,
an Christen bring i wieder.* [1]

Die Taufe ist in allen christlichen Kirchen ein Sakrament. Erst durch sie wird der Mensch in die Heilsgemeinschaft der Kirche aufgenommen, wird aus dem Heiden ein Christ. Im 4. Jahrhundert wurde die zuvor praktizierte Erwachsenentaufe allmählich durch die Kindertaufe abgelöst und es wurde üblich mit der Taufe auch die Namensgebung des Kindes zu verbinden. Häufig erhielten die Kinder den Namen des Heiligen ihres Geburtstages oder einen in der Familie traditionellen Vornamen.

Drohte dem Kind schon während der Geburt Lebensgefahr, war die Hebamme dazu ermächtigt, das noch ungeborene Kind mit einer besonderen Spritze zu taufen.

Auch nach der glücklichen Geburt sollte das Neugeborene so bald als möglich in die Kirche zur Taufe gebracht werden, da die Kindersterblichkeit besonders in Bayern bis in das späte 19. Jahrhundert sehr hoch war. Einem ungetauft verstorbenen Kind blieb der Himmel verwehrt. Auch durfte es, wie die Selbstmörder, Huren, Verbrecher und Andersgläubigen, nicht auf dem Friedhof begraben werden. Ein neugeborenes Kind, das getauft starb, war für die Eltern ein Trost im Unglück, da nach allgemeiner Vorstellung das Kind sofort in den Himmel kam und die Eltern somit einen Fürsprecher vor Gott hatten.

Die Kindstaufe fand innerhalb der ersten Woche, oft schon ein bis zwei Tage nach der Geburt, statt. Da die Wöchnerin noch als unrein galt, konnte sie an der Taufe nicht teilnehmen, sondern blieb zu Hause. So trug die Hebamme zusammen mit dem Paten, dem Vater und weiteren Familienangehörigen das Kind zur Taufe.

Nach dem Vollzug der Taufe in der Kirche wurde im Gasthaus oder in der Wöchnerinnenstube zum Taufschmaus geladen. Über das mancherorts in Oberbayern sehr üppig ausfallende Tauffest berichtet der Schriftsteller und Historiker Felix Dahn: »Nachdem in der Kirche der heilige Ritus der Taufe vollzogen ist, trägt die Hebamme den Täufling in Begleitung des Vaters und des Gevatters, sowie der angesehensten Taufzeugen und Gäste, sofort in die Schenke, wo, namentlich wenn das Wiegenhaus etwas weit von der Kirche gelegen, eine reichliche Labung eingenommen wird; hie und da, so im Garmischgau, währt die Tafelei 5 – 6 Stunden, wobei das Kindlein, dem all die Ehre des Mahles gilt und auf dessen Gedeihen getrunken wird, still abseits liegen bleibt.« [2] Doch nicht überall ging es so hoch her. Meist wurde zu Hause gefeiert, da dann auch die Mutter anwesend sein konnte. Da vielerorts der Pate den Taufschmaus zu bezahlen hatte, lag es auch an ihm wie groß das Tauffest begangen wurde. Je nach Gegend gab es bestimmte Speisen, wie Würste, gekochtes oder gebratenes Fleisch. In den ärmeren Familien begnügte man sich mit einem Mahl zu Hause, das dann fleischlos war und aus Kaffee und Schmalzgebäck bestand.

Abfahrt zur Taufe, kolorierter Holzstich von 1915 (siehe Katalogteil S. 36)

Das Kind konnte einen oder mehrere Paten oder Patinnen haben. In Oberbayern war es üblich, dass diese dann auch die Patenschaft für alle weiteren Kinder der Familie übernahmen. »(…) nur dann ist die Wahl eines andern ohne grobe Verletzung der Sitte gestattet, wenn schon mehrere Kinder, bei deren Taufe derselbe Gevatter fungirte, gestorben sind.« [3]

Dem Paten kam in der Erziehung des Kindes eine wichtige Rolle zu. Sie beschränkte sich keineswegs darauf, für das Kind erst dann zu sorgen, wenn die Eltern nicht mehr am Leben waren. »Der Pate oder Göd, wie man ihn oberbayrisch nennt, ist auf dem Land eine viel wichtigere Person als in der Stadt, er steht der Autorität dem Vater am nächsten und bekundet auch eine ständige Sorgfalt für das Kind. Von ihm wird der Taufschmaus bestritten.« 4 Auch das Jahr über zeigte sich der Pate gegenüber dem Kind großzügig und schenkte ihm »Aepfel und Birnen zu Niklas, zu Ostern rothe und gelbe Eier, nebst Osterfladen und anderem Gebäck oft von symbolischer Bedeutung – für Knaben in Gestalt eines Hirsches oder Horns, für Mädchen ein kunstreich verschlungener Zopf – und zu Allerseelen den ›Seelenzopf‹ genannten Kuchen.« 5 Das wichtigste Patengeschenk war jedoch das »Gotl-Gewand« oder »Gotl-Hemd«, denn einmal musste der Pate das Kind vollständig einkleiden. Diese Gabe bildete in der Regel den Abschluss der Patengeschenke und konnte schon nach zwei bis drei Jahren, nach dem Austritt aus der Schule oder mit dem Tag der Hochzeit gegeben werden. Starb das Kind, brachte häufig der Pate das Totenhemd und die Krone.

Kindstaufe in Oberbayern, kolorierter Holzstich um 1880 (siehe Katalogteil S. 37)

In den Landgerichten Friedberg und Aichach wurden die Patengeschenke meist in Form von Geldbeträgen überreicht, die vom Taufkind nach dessen Verheiratung an den Paten wieder zurückbezahlt wurden. 6

Der Gang zur Taufe, der nicht selten schon innerhalb der ersten 24 Stunden, auch bei schlechter Witterung und in der kalten Jahreszeit, unternommen wurde, führte nicht selten zur ersten Erkrankung des Neugeborenen, so »daß diese rigorose Forderung des kirchlichen Ritus nicht ohne vielfache schädliche Wirkung auf die zarte Gesundheit des Täuflings erfüllt wird!«, wie der Landgerichtsarzt

Dr. Franz Schwenninger im Jahr 1860 in seinem Physikatsbericht für Neumarkt in der Oberpfalz bemerkte.[7] Diese Vermutung teilten viele seiner Berufskollegen auch in anderen Gegenden und führten nicht selten den frühen Kindstod auf diese Ursache zurück.

In protestantischen Familien fand die Taufe bis zu Wochen und Monate nach der Geburt statt und konnte zu Hause oder in der Kirche vollzogen werden. Auf jeden Fall konnte die Mutter dabei anwesend sein. Auch hier wurde nach der Taufe zum Mahl geladen, das ebenfalls zu Hause oder im Gasthaus eingenommen wurde.

In der Zeit von acht Tagen bis sechs Wochen nach der Geburt gingen der Pate, die nächsten Verwandten und Freundinnen »ins Weisat« (lat. »visitare«, ahdt. »wisan« = besuchen). So bezeichnete man den

Der Taufschmaus, kolorierter Holzstich um 1880 (siehe Katalogteil S. 37)

ersten Besuch bei der jungen Mutter und ihrem Kind. Noch im 18. Jahrhundert umschrieb man diesen Antrittsbesuch mit der Redewendung »auff das Bette schencken«, da niemand mit leeren Händen kam. Vielmehr brachte man der Wöchnerin kleine Geschenke für das Neugeborene oder besondere Leckereien, die die noch geschwächte Mutter stärken sollten und ansonsten eher selten verzehrt wurden. Weißbrot oder Semmeln, Lebkuchen, Süßigkeiten, Met, süßer Wein, Zucker, Kaffee, Eier in großer Zahl, Mehl, Schmalz, Butter und Lammfleisch waren solche ›Weisungen‹, denen mit einer Bewirtung geantwortet wurde.

1
Dieser Spruch war im gesamten deutschsprachigen Raum verbreitet. In der Gegend von Lauenburg in Pommern hieß es beispielsweise: »Ne Heide neihm wi mit, ne Christe bring wi wedder!« und der Täufling wird mit den Worten begrüßt: »So lang weerscht du he Heid, nu bist du he Christ!«
Zitiert aus: A. Achut, Aberglauben und Brauch aus den Kreisen Bütow und Lauenburg, in: Königl. Freist. Blätter für Pommersche Volkskunde, 3. Jg. 1894/95, S. 122 f.

2
Felix Dahn, Volkssitte, in: Bavaria. Landes- und Volkskunde des Königreichs Bayern, Bd. I/2, München 1860, S. 409.

3
Ebd., S. 410.

4
Karl Stieler, Sitte und Brauch im baierischen Hochland, in: Ders., Kulturbilder aus Baiern, Stuttgart 1893.

5
Wie Anm. 2.

6
Ebd., S. 411.

7
Zitiert nach: Eberhard J. Wormer, Alltag und Lebenszyklus der Oberpfälzer im 19. Jahrhundert. Rekonstruktion ländlichen Lebens nach den Physikatsberichten der Landgerichtsärzte 1858–1861, (= Miscellanea Bavarica Monacensia 114), München 1988, S. 32.

Taufe

Taufspritze

Zinn, Bein, Länge: 20,5 cm, um 1860,
Bezirksmuseum Dachau, Slg. Museumsverein Dachau,
Inv. HA/b 4001.2

Bei schweren Geburten, bei denen das Leben des Kindes im Mutterleib in Gefahr war, vollzog die Hebamme die Taufe am noch ungeborenen Kind. Mittels einer Spritze, die mit Weihwasser gefüllt war und durch den Muttermund bis zum Kind geführt wurde, goss sie das Wasser über das Kind. Seit dem 13. Jahrhundert waren die Hebammen von der Kirche zum Vollzug dieser Nottaufen bei sterbenden Kindern im Mutterleib verpflichtet.
Diese Taufspritze gehört zur Ausstattung eines Hebammenkoffers, wie er von der Fa. Schnetter & Sohn in München um 1860 hergestellt und vertrieben wurde.

Lit.: Anton Mößmer, Die Ausführung der Nottaufe mittels einer zinnernen Taufspritze, in: Volkskunst. Zeitschrift für volkstümliche Sachkultur, 13. Jg. (1990), Heft 2, S. 30-35.

Taufgarnitur

Abb. des Taufkleidchens auf S. 35

bestehend aus einem Fatschenband (200 x 18 cm), einem Taufkleidchen mit Kapuze (Höhe: 48 cm), einem Ziertuch für das Kissen (46,5 x 40 cm) und einer Decke (114 x 96 cm).

Feiner weißer Leinenvoile mit eingewebten floralen Mustern, Klöppelspitzen, teilweise mit Konturfäden bestickt, applizierte Rosetten aus roten Seidenbändern, Mitte 19. Jahrhundert,
Bezirksmuseum Dachau, Slg. Museumsverein Dachau,
Inv. TR 3106, TR 3211, TR 4217, TR 4216

Der Bedeutung der Taufe entsprechend war das Kind für diesen Festtag besonders gekleidet. Hemdchen und Windeln wurden für diesen Anlass mit einem geschmückten, meist spitzenverzierten Fatschenband festgehalten. Darüber trug das Kind das langärmelige Taufkleidchen. Dies war ein einfach geschnittenes, vorne offenes Mäntelchen, an dem eine feine, von Spitzeneinsätzen durchbrochene und mit Spitzen umsäumte Kapuze angenäht war. Die weit herabfallende Decke über dem Kind war, wie häufig auch das Taufkleidchen, mit Rosetsetten aus eng gefalteten, roten Seidenbändern besetzt. Der Farbe Rot wurde in der Vorstellung des Volkes eine besondere apotropäische Wirkung zugeschrieben und da man insbesondere das noch nicht getaufte Kind für sehr schutzbedürftig gegenüber bösen Geistern und Unholden hielt, wurden Taufkleidchen, Häubchen und Tücher häufig mit roten Bändern, Stickereien oder Seidenrosetten verziert. Allen zufälligen Begegnungen auf dem Weg zur Kirche wurde große Bedeutung zugemessen und auf das Kind hin interpretiert.

Taufmäntelchen

Abb. S. 36
Voile mit eingewebtem Muster, mit Goldfaden umwickelte Klöppelspitze, Rosetten aus roten Seidenbändern an Saum, Ärmel, Rücken und Kapuze, Höhe: 42 cm, Mitte 19. Jahrhundert,
Bezirksmuseum Dachau, Slg. Museumsverein Dachau, Inv. 3210

Taufmäntelchen

o. Abb.
Baumwollsatin, weiße Klöppelspitzen und Rosetten aus roten Seidenbändern an Saum, Ärmel, Rücken und Kapuze, Höhe: 46 cm, 19. Jahrhundert,
Bezirksmuseum Dachau, Slg. Museumsverein Dachau, Inv. 3206

Taufmäntelchen

o. Abb.
Baumwollsatin, mit weißer Klöppelspitze umsäumt, Rosetten aus roten Seidenbändern an Saum, Ärmel, Rücken und Kapuze, Höhe: 50 cm, 19. Jahrhundert,
Bezirksmuseum Dachau, Slg. Museumsverein Dachau, Inv. 3209

Das weiße Taufkleid hat seinen Ursprung in der frühchristlichen Kirche. Die an Ostern getauften Erwachsenen trugen weiße Kleider als Zeichen für das neue Leben, das sie durch die Taufe empfangen haben. Dieser Symbolcharakter wurde auch nach dem Übergang zur Kindertaufe beibehalten.

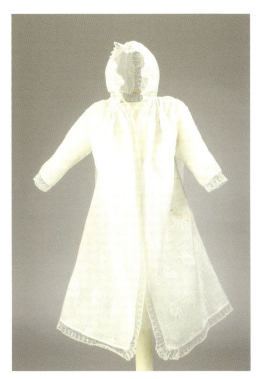

Taufkleidchen in Form eines offenen Mäntelchens hatten den Vorteil, dass sie wegen ihrer Passform von allen Kindern getragen werden konnten. Heute werden Taufkleider häufig nur noch über das Kind gelegt.

Taufumhang

o. Abb.
Rohweißer Leinenvoile, Klöppelspitze, blassrote Seidenbänder an Kapuze, Ärmel und Häubchen,
Höhe: 46 cm, 19. Jahrhundert,
Bezirksmuseum Dachau, Slg. Museumsverein Dachau,
Inv. 3212

Die Ärmel dieses Taufkleidchens sind am Armausschnitt zusammengenäht und konnten dem Kind nicht angezogen werden. Sie haben damit rein dekorativen Charakter, um die Form des Mäntelchens beizubehalten.

Taufhemdchen mit Haube

o. Abb.
Cremefarbene Seide, bestickt, Klöppelspitzen, um 1900,
Bezirksmuseum Dachau, Slg. Dachauer Galerien und Museen, Inv. TR 3215

Das seidene Taufhemdchen mit dem dazugehörigen Häubchen stammt aus einem Dachauer Haushalt und wurde von einer Schneiderin angefertigt. Ein zugehöriges Höschen ist nicht erhalten.

Abfahrt zur Taufe

Abb. S. 30
Kolorierter Holzstich, nach einer Zeichnung
von Ludwig Braun (1863–1916), 16 x 26,3 cm, 1915,
Privatbesitz

Kindstaufe in Oberbayern

Abb. S. 31
Kolorierter Holzstich, nach einem Gemälde von
Reinhard Sebastian Zimmermann (1815–1893),
17 x 24 cm, um 1880,
Privatbesitz

Der Taufschmaus

Abb. S. 32
Kolorierter Holzstich, nach einem Gemälde von
Reinhard Sebastian Zimmermann (1815 – 1893) und einer
Fotografie von Franz Hanfstaengl, München,
22,2 x 31,3 cm, um 1880,
Privatbesitz

Die aus verschiedenen Zeitschriften des späten 19. Jahrhunderts stammenden Holzstiche illustrieren den Ablauf einer Taufe, wie er sich im bäuerlichen Milieu des Dachauer Landes abgespielt haben könnte. Die Frauen und Männer tragen die Dachauer Festtagstracht. Mit der Chaise fahren Hebamme, Patin und Vater mit dem Täufling in die Kirche. Eine Kutschfahrt war dann notwendig, wenn der Hof außerhalb des Kirchdorfes gelegen war. Die Kindsmutter, die bei der Taufe noch nicht dabei sein kann, erwartet die Gesellschaft mit dem nun getauften Christenkind zurück. Es war üblich, dass nach der Taufe des Neugeborenen der Pate zu einem Mahl geladen wurde. Nicht selten geschah dies in der Wöchnerinnenstube der Wöchnerin, wie die letzte Darstellung zeigt: Während die Kindsmutter noch zu Bett liegt, feiert der Mann mit den Paten und nächsten Verwandten beim Taufschmaus die Geburt des Kindes.

Zwei Taufbriefe

a) Kolorierter Kupferstich auf Papier,
geöffnet: 10,5 x10,5 cm, datiert: 27. Juni 1824,
Bezirksmuseum Dachau, Slg. Dachauer Galerien und Museen, Inv. RV 2003

o. Abb.
b) Kolorierter Kupferstich auf Papier, geschlossen: 7,7 x 7,7 cm, datiert: 20. Juli 1807,
Bezirksmuseum Dachau, Slg. Dachauer Galerien und Museen, Inv. RV 543-I

Taufbriefe waren vorgedruckte, mit religiösen Abbildungen, meist einer Taufszene, den vier Evangelisten und den vier Kardinaltugenden, illustrierte Glückwunschbillets, die mit den persönlichen Daten des Täuflings und seines Paten ergänzt wurden.
In Oberbayern steckte »der Gevatter nach der Taufe ein Gulden oder Thalerstück, häufig auch ein sogenanntes ›Schatzstück‹, d.h. irgend eine alte, seltene Gold- oder Silbermünze in Papier gewickelt hinter die Fatsche – ›das Einbindgeld‹. Aus diesem Brauch heraus könnte sich diese quadratische Form des Taufbriefes entwickelt haben: zweimal von den

Ecken nach innen gefaltet und anschließend mit Siegelwachs verschlossen, wurde daraus ein gut verschlossenes Kuvert.«

Zitat: Felix Dahn, Volkssitte, in: Bavaria. Landes- und Volkskunde des Königreichs Bayern, Bd. I/2, München 1860, S. 410.

Taufbrief

o. Abb.
Kolorierte Lithographie auf Papier, 9,5 x 6,7 cm,
datiert: 4. Juni 1852,
Bezirksmuseum Dachau, Slg. Dachauer Galerien und Museen, Inv. RV 2006

Taufbrief

o. Abb.
Goldprägedruck auf Papier, 10,5 x 7,5 cm,
datiert: 2. August 1853,
Bezirksmuseum Dachau, Slg. Dachauer Galerien und Museen, Inv. RV 2004

Tauftaler

o. Abb.
Gold, rückseitig beschriftet: »Mein Pat gedenck bey dem Geschenck der Christen Pflicht vergiß ia nicht was ich versprach und kom ihm nach«,
Durchmesser: 2 cm, um 1800,
Bezirksmuseum Dachau, Slg. Museumsverein Dachau, Inv. RV 1285

Taufanhänger

Silber, Silberfiligran, Durchmesser: 7,5 cm, rückseitig graviert und datiert: »V. d. Taufpt. M. G. Wenig; d. Täufling Leopoldine Marie Vogel 18.11.1855.«,
Bezirksmuseum Dachau, Slg. Museumsverein Dachau, Inv. RV 1286

Dieser prächtige Taufanhänger mit einer fein gearbeiteten Reliefdarstellung der Taufe Jesu im Jordan durch Johannes ist von acht spitz zulaufenden Filigran-Blütenblättern umgeben. Der rückseitig eingravierte Text nennt den Namen des Täuflings, des Paten und das Taufdatum. Wahrscheinlich wurde die Öse zu einem späteren Zeitpunkt angebracht, um den Tauftaler als Schmuckanhänger zu tragen.

Godenschüssel

Abb. S. 39
Irdenware, Malhorndekor und glasiert, im Tellerboden beschriftet »Leonhart«, Durchmesser: 17,5 cm,
Dießen a. Ammersee(?), 19. Jahrhundert,
Bezirksmuseum Dachau, Slg. Museumsverein Dachau, Inv. 2437

»Nicht umsonst, sondern nur gegen Entgelt manichfacher Gaben wird die Ehrenwürde des ›Gotl‹ erworben, (…) während der ganzen Kindheit und Jugendzeit des Täuflings zeigt sich die Aufmerksamkeit des Gevatters in regelmäßig zu bestimmten Zeiten des Jahres wiederkehrenden kleinen Geschenken«. Zu diesen »Aufmerksamkeiten« konnte auch eine irdene Schüssel mit dem Namen des Täuflings gehören.

Zitat: Felix Dahn, Volkssitte, in: Bavaria. Landes- und Volkskunde des Königreichs Bayern, Bd. I/2, München 1860, S. 410.

»Zu all dieser Arbeit zog die Großmutter, (...) Kostkinder auf, welche die Gemeinde ihr wegen ihrer Gewissenhaftigkeit und Sauberkeit übergab. Es waren dies Kinder von Bauerndirnen, von ledigen Gemeindeangehörigen, die wer weiß wo weilten und ihre Kinder der Gemeinde aufbürdeten; aber auch Kinder von Gauklern, die diese einfach den Leuten vor die Tür legten.

So war es auch einmal um die Weihnachtszeit. Draußen lag tiefer Schnee, und wir saßen in der Wohnstube beisammen und jedes hatte seine Beschäftigung: der Großvater band einen Besen, die Großmutter spann und der Hausl baute mir ein Haus aus großen Holzscheiten. Da klopft es mit einem Male ans Fenster. Erschreckt schreit die Großmutter auf; der Großvater aber geht hinaus, zu sehen, wer so spät noch Einlaß begehrt. Er sperrt auf und tritt vor die Tür; im gleichen Augenblick aber hören wir ihn rufen: »Heiliges Kreuz! a Kind!«, und herein bringt er ein kleines Bündel und legt's auf den Tisch. Die Großmutter springt auf und wickelt es aus. Da liegen zwei kleinwinzige Wesen vor ihr, und wie sie das eine nehmen will, kann sie es nicht heben, weil das andere auch mit in die Höhe geht. Als sie dann die Windeln aufmachte, sahen wir erst, daß die Kinder zusammengewachsen waren. Außen am Bündel war ein Papier befestigt; darin lagen die Taufscheine der Zwillinge und ein Brief des Inhalts, daß eine Seiltänzerin die Kinder geboren und bei der Geburt gestorben sei. Man habe von der Handschusterin gehört und bitte nun um Gottes willen um Aufnahme für die Kinder; die Gemeinde würde schon zahlen. Da sagte die Großmutter: »Um Gottes willen is aa was; auf die Mautschein geht's aa nimmer z'samm!«

Und so behielt sie die armen Waislein. Als sie aber größer wurden und sitzen lernen sollten, fand man, daß die gewöhnlichen Stühlchen zu klein, eine Bank aber nicht für sie geeignet war; denn das Gesäß, mit dem sie seitlich zusammengewachsen waren, war nicht breiter als das eines Kindes; von den Hüften aufwärts aber nahmen sie den Raum von zweien ein. Also verfertigte ihnen der Großvater ein eigenes Stühlchen, sowie ein Bänklein mit einer runden Lehne, in das er zwei Löcher schnitt, das Bänklein polsterte und die Löcher mit Deckeln versah. (...) Sieben Jahre hatten meine Großeltern diese Zwillinge bei sich, bis sie von der Gemeinde an den Besitzer einer Schaubude abgegeben wurden, der sie auf vielen Jahrmärkten herumzeigte. (...)

Von den zwölf Kostkindern, die die Großmutter um diese Zeit aufzog, wuchsen zusammen mit mir die Urschl, der Balthasar, genannt Hausei, der Bapistei und die Zwillinge auf. Sie schliefen alle mit mir bei den Großeltern in der gemeinsamen großen Schlafkammer, die vier Fenster hatte. Mein Bett war auf der Seite, wo der Großvater schlief, während bei der Großmutter drüben das der Zwillinge stand. Nahe an ihrem Bett hatte die Großmutter die alte, buntbemalte Bauernwiege stehen. Daran war ein Ring und an diesem hing ein langes Band, das die Großmutter beim Schlafengehen um die Hand wickelte. An dem Bande zog sie nun leise, wenn das Kind unruhig war, und oft hörte ich, wenn ich nicht schlafen konnte, die ganze Nacht hindurch das leichte Knarren der Dielen. In die Wiege kam das Kleinste, außer es war ein anderes krank, das dann hineingebettet wurde. Darum lag die meiste Zeit der Bapistei darin; denn er war ein recht schwächliches, streitiges Kind. Mitunter nahm der Großvater der Großmutter das Bandl aus der Hand: »Geh, Muatta, laß mi hutschen; tua jetz a bißl schlafa!«

Lena Christ: Erinnerungen einer Überflüssigen, in: Dies., Gesamtausgabe. 1. Band, München 1990, S. 26-28.

Spannenlanger Hansl, nudeldicke Dirn – Ernährung und Pflege

Angeführt,
Mit Butter beschmiert,
Käse geleckt,
Hat gut geschmeckt. [1]

Heute werden vor allem psychische Gründe wie die enge Bindung von Mutter und Kind geltend gemacht, um Mütter zum Stillen zu bewegen. Durch die Geschichte der Menschheit hindurch stellte die Ernährung mit Frauenmilch jedoch für die Kinder die einzige wirkliche Chance zum Überleben dar. Es waren aber die Frauen, sprich die Mütter, nicht zu allen Zeiten dazu bereit. Schon im antiken Rom mussten zeitweise Stillprämien ausgesetzt werden, um die Mütter zum Säugen ihres Nachwuchses zu bewegen. Daher zählt die Tätigkeit der Amme, zusammen mit der Hebamme, zu den ältesten Frauenberufen. Bis ins 20. Jahrhundert war es in adeligen Kreisen und im städtischen Bürgertum üblich, die Kinder von einer Amme säugen zu lassen. Einen Grund dafür, nämlich den Verlust der Schönheit der weiblichen Brust, führt Thomas Murner (1475–1537) in seinem berühmten satirischen Werk »Narrenbeschwörung« (1512) an: »Das Kind seigt ihr ein ander wib. Uf dass die brust an ihrem lib zart und rein beliben stan.«

Da aber Ammen bezahlt werden mussten, hängt die hohe Säuglingssterblichkeit vor allem in den armen Bevölkerungsschichten unmittelbar auch mit dem Stillen zusammen. Denn auch dort, wo die Mutter selbst stillte, gab man das Kind in den ersten Tagen einer Amme, da man die Vor- oder Erstmilch der Wöchnerin wegen ihrer dickflüssigen, etwas schleimigen Konsistenz und ihrer gelblichen Farbe mit Eiter verglich und sie deshalb für krankmachend hielt. Daher wartete die Mutter zwischen drei Tagen und zwei Wochen, bis sie das Kind selbst an die Brust legte. Dies hatte vor allem bei Müttern mit einer schlechten körperlichen Verfassung die Folge, dass unter Umständen die Milchproduktion nicht mehr richtig in Schwung kam, sie das Kind nicht mehr ausreichend mit Muttermilch sättigen konnte und daher zu früh zufüttern musste.

Doch auch wo das Geld für die Amme da war, wie im Falle des bayerischen Herzoghauses, war es üblich, das Kind schon sehr früh an andere Nahrung zu gewöhnen. »und sunderlich der Maximilian; allain das im das Mueß nit recht schmecken will, hat die prust vill lieber«, schrieb 1573 Herzog Wilhelm V. von Bayern an den Großvater des späteren Thronerben, der zu diesem Zeitpunkt gerade dreieinhalb Wochen alt war. [2]

Erst zu Beginn im 18. Jahrhundert entdeckte man die unersetzlichen Vorteile der Muttermilch, die als einzige Nahrungsquelle für das Kind ständig verfügbar war. [3] Von aufgeklärten Ärzten wurde nun das Stillen durch die Mütter propagiert, um die Ernährung von festen Fütterungszeiten unabhängig zu machen. Denn die Mutter stand, anders als die Amme, dem Kind ständig zur Verfügung. Im späten 18. Jahrhundert, mit dem Beginn der Romantik, die das erste Mal das Kind als ein Individuum betrachtete, setzte sich auch die Bereitschaft durch, nach dem Willen des Kindes zu handeln. Also erst dann zu füttern, wenn das Kind auch wirklich Hunger zeigte.

Auch wenn die Muttermilch von Ärzten und Hebammen immer wieder empfohlen wurde, war das Ammenwesen im 18. und 19. Jahrhundert eine so selbstverständliche Einrichtung, dass viele Mütter die Möglichkeit selbst zu stillen gar nicht in Betracht zogen. Auch Bequemlichkeit und die Sorge um die Figur veranlassten weiterhin vor allem die wohlhabenden Mütter, sich eine Amme zu nehmen.

Doch auch weniger wohlhabende Familien gaben ihr Kind zu einer Amme, wenn die Mutter durch die vielen Geburten kränkelte und nicht in der Lage war ihre Kleinkinder richtig zu versorgen. Das Ammenwesen verhalf vielen ärmeren Familien zu einem Zuverdienst durch die Frau. Nicht immer aber kümmerten sich die Ammen sorgfältig um die ihnen anvertrauten Kinder. Bis in das 20. Jahrhundert war es weit verbreitete Sitte, den Kindern Mohn in den leinenen Schnuller zu tun, um es in eine Art Dauerschlaf zu versetzen. Auch in Branntwein getauchte »Dietzel« erfüllten diesen Zweck.

In der Regel wurde das Kind bis zum Alter von zwei Jahren, in manchen Gegenden auch noch im dritten Lebensjahr gestillt. Dies hing stark von der Konstitution der Mutter und den regionalen Gewohnheiten ab. Meist wurde das Kind jedoch entwöhnt, wenn es anfing zu zahnen.
War weder Mutter- noch Ammenmilch verfügbar, wurden die Kinder auch mit tierischer Milchnahrung groß gezogen. Dazu wurden auf

dem Land Trinkhörnchen aus Kuhhorn verwendet. Ab dem 16. Jahrhundert tauchen die ersten Saugfläschchen aus Holz und Ton, später aus Zinn und Glas auf. Auch Tassen mit kleinen Schnäbeln erleichterten den Kindern das Trinken. Als eine große Gefahr für Säuglinge stellte sich das Füttern mit Brei und Mus heraus. Diese falsche Ernährungsweise der Säuglinge und Kleinkinder wird als der wesentliche Ursache für die enorm hohe Kindersterblichkeit innerhalb des ersten Lebensjahres angesehen.

Erst durch Justus von Liebigs Analysen der Säuglingsnahrung kam es um 1865 zur Verbesserung in der Säuglingsernährung. Mit der »Suppe für Säuglinge«, wie Liebig seine Erfindung nannte, entwickelte er einen frühen Vorläufer der heutigen Babynahrung.

Hatte das Kind seine ersten Zähne, wurde zu fester Nahrung, vor allem Brot, übergegangen. Nun aß es sehr bald die üblichen Speisen der Familie. In vielen, vor allem den kinderreichen Familien gehörte der Hunger zu einer grundlegenden Kindheitserfahrung. Oft mussten Mädchen und Buben aus diesem Grund das Elternhaus noch in Kindertagen verlassen, um als »Hausmadl« oder »Bua« im Dienst bei fremden Leuten selbst für ihren Lebensunterhalt aufzukommen.

Erst ab Mitte des 19. Jahrhunderts wird die Ernährungslage besser und sicherer. Trotzdem bleibt der Speiseplan abwechslungsarm: fade Breie, viele Suppen, Knödel und Kraut, wenig Fleisch und Obst, ansonsten kaum Gemüse und selten etwas Süßes.

Bei dieser in der Regel kargen Alltagskost stellten Festtage auch für Kinder meist einen kulinarischen Höhepunkt dar. Zu Ostern gab es bunt gefärbte Hühnereier und ebenso bunte Zuckereier, zu Nikolaus und Weihnachten wurden sie mit Äpfel, Nüssen, Plätzchen, Süßigkeiten wie »Guatln« (= Bonbons) oder Schokolade beschenkt, ebenso zum Schuleintritt.

An bestimmten Tagen im Jahr konnten die Kinder durch Heischegänge an besondere Leckerbissen kommen. »Am Donnerstag zwischen dem 13. und 21. Dezember war Klöpflesnacht. Auf diesen Tag warteten sehnsüchtig alle Kinder, denn da durften sie, eingebettet in den uralten Brauch, betteln gehen. Sie zogen also in kleinen Gruppen, ausgerüstet mit Säckchen, von Tür zu Tür, klopften an, sagten ihr Verslein auf und baten ›Bittschön um a Klöpflesnacht.‹ Was gab's? In der Regel Plätzchen, Äpfel und Nüsse. Der Kramer

Kühlkiste für die Säuglingsmilch, Fotografie aus einem »Hilfsbuch für Mütter«, um 1920

zeigte sich mit Griffeln, der Bäcker mit Semmeln und der Metzger mit Wurstscheiben erkenntlich.«[4]

Über Jahrhunderte hinweg hat man der körperlichen Reinlichkeit einen geringen Stellenwert zuerkannt. Ausgerechnet ein Mann, der bayerische Beamte Joseph Ritter von Koch-Sternfeld, kritisierte 1810 die mangelnde Hygiene in der Säuglingspflege: »Die meisten Kinder werden auf dem Lande, besonders im Gebirge, außer dem Bade nach der Taufe, in ihrem Leben nicht mehr gebadet. Man fatschet die Kinder zu fest und Jahre lang ein (wickelt sie bis zum Hals hinauf ein); man wieget sie zu stark, man lässt sie, besonders zur Feldarbeitszeit, fast den ganzen Tag hindurch in ihrem Unrathe schlecht bedeckt liegen, Sie sind voll Ungeziefer und Krätzen. Die Bett- und Leibwäsche wird unrein gehalten, und selten gewechselt.«[5]

Öffentliche Badehäuser waren kaum bekannt und nur in den Märkten und Städten vorhanden. Sie wurden von den Erwachsenen, nach Geschlechtern getrennt, regelmäßig aufgesucht.

In kaum einem Haus existierte ein Badezimmer. Im Sommer badete man häufiger in den zahlreichen Flüssen und Bächen. Kleinere Kinder wurden zu Hause gewaschen, aber dies sehr selten. In der Regel begnügte man sich im Sommer mit einer Katzenwäsche an Händen, Gesicht und Hals draußen am Brunnentrog und im Winter mit einer Waschschüssel, die in der Stube aufgestellt und mit warmen Wasser aus dem Becken neben dem Herd gefüllt war.

Das Programm der »Physischen Erziehung der Kinder« war ein fester Bestandteil der Forderungen seitens der Medizin in der späten Phase der Aufklärung. Im Zeitraum von 1780 bis 1820 erschienen ungefähr 160 deutschsprachige Monographien zu diesem Thema. Ärzte, darunter Christoph Wilhelm Hufeland (1762–1836) versuchten den Müttern einzuschärfen, dass Reinlichkeit das halbe Leben ihrer Kinder sei, denn » je reinlicher sie gehalten werden, desto besser gedeihen und blühen sie«.[6] Jean Jacques Rousseau (1712–1778) hatte schon 30 Jahre zuvor in seinem viel beachteten psychologischen Erziehungsroman »Emile« (1762) den Nutzen kalter Bäder nach der Geburt gepriesen, die für Gesundheit und Reinlichkeit gleichermaßen förderlich seien, denn ein verzärtelter Körper sei Ausdruck von dekadenter Moral. Dies zeigt, dass im Zusammenhang mit der bürgerlichen Reinlichkeitsbewegung gelegentlich auch über das Ziel hinausgeschossen wurde, ebenso wie die Forderung des Arztes Samuel Gotthelf Crusius, der in Anlehnung an Rousseau für einen sehr frühzeitigen Beginn der Sauberkeitserziehung bei Kindern plädierte:

Die beste Kinderseife, äußerst mild und wohlthuend für jede empfindliche Haut, ist unbedingt **Bergmanns: Buttermilch-Seife,** vorzügl. für zarten, weißen Teint, à St. 30 Pf. bei Joh. Trinkgeld's Nchf.

Anzeige für Kinderseife im »Amper-Boten« vom 11. Oktober 1899

»Ein Kind kann mit zwanzig Wochen bis zu einem halben Jahre schon an die Reinlichkeit gewöhnet werden.« 7

Bis in das 19. Jahrhundert hatten die Reformprogramme der Aufklärung im Bürgertum insoweit gefruchtet, als man das tägliche Baden der Säuglinge für wichtig erachtete. Manche Mütter traten sogar in einen Wettbewerb um den frühesten Zeitpunkt an dem ihr Nachwuchs »sauber« war. In den immer zahlreicher werdenden zeitgenössischen Ratgebern für die Mütter nimmt die Reinlichkeitspflege des Säuglings nun eine zentrale Stellung ein.

Da das dazu benötigte Wasser immer erst aus dem Brunnen gepumpt und von draußen hereingeholt werden musste, war das Waschen und insbesondere das Vollbad bei größeren Kindern eine sehr aufwändige Prozedur. Häufig wurde daher nur ein- bis zweimal im Jahr richtig gebadet, dann wurde der Waschzuber aus Holz, später die Wanne aus Zink mit warmem Wasser gefüllt, das zuvor mühevoll am Herd erhitzt worden war. Nacheinander kamen die Kinder dran, zuerst die kleineren, mehrere auf einmal, und dann meist im selben Wasser, die größeren Kindern. Erst mit dem Einsetzen der Pubertät und dem wachenden Interesse für das jeweils andere Geschlecht wurde auch die Körperpflege als wichtig angesehen.

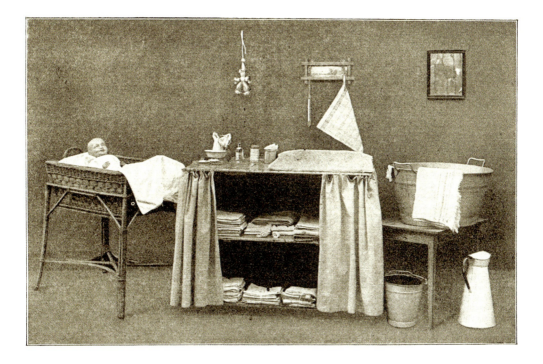

Beispiel für die Einrichtung eines einfachen Kinderzimmers, Fotografie aus einem »Hilfsbuch für Mütter«, um 1920

1
Aus: Heinrich Wolgast, Schöne alte Kinderreime für Mütter und Kinder, Buchschmuck von Josef Mauder, München (Buchverlag der Jugendblätter) o. J. (um 1925), S. 79.

2
Zitat aus einem Brief des bayerischen Herzogs Wilhelms V. vom 11. Mai 1573 an seinen Vater. – Zitiert nach: Wittelsbach und Bayern. II/2: Um Glauben und Reich. Kurfürst Maximilian I. (Ausstellungskatalog), München – Zürich 1980, S. 97.

3
Im 18. Jahrhundert entstand auch der Begriff Muttermilch für die bis dahin übliche Bezeichnung Frauen- oder Weibermilch. Doch erst gegen Ende des 19. Jahrhunderts gelang es tatsächlich auch die wissenschaftlichen Beweise für die Vorzüge der Muttermilch zu erbringen, wie bessere Verdaulichkeit, Schutz vor Allergien, Förderung der Antikörperproduktion und ihre Sterilität.

4
Martin Meier, Das war Armut. Landleben in den 20er und 30er Jahren, Bd. 2, S. 82.

5
Joseph von Koch-Sternfeld, Salzburg und Berchtesgaden in historisch-statistisch-geographisch und staatsökonomischen Beyträgen, Bd. 2, Salzburg 1810, S. 228f. – Hier zitiert nach: Anton Mößmer, Verpackt und zugenäht. Elternträume und Kinderkleidung, in: Vater. Mutter. Kind (Ausstellungskatalog des Münchner Stadtmuseums), München 1987, S. 164.

6
Zitat: Christoph Wilhelm Hufeland, Die Kunst, das menschliche Leben zu verlängern, Jena 1796. – Hier zitiert nach: Manuel Frey, Der reinliche Bürger. Entstehung und Verbreitung bürgerlicher Tugenden in Deutschland, 1760–1860, (= Kritische Studien zur Geschichtswissenschaft 119), Göttingen 1997, S. 132.

7
Samuel Gotthelf Crusius, Von den Mitteln Kinder zu gesunden Menschen zu erziehen, Leipzig 1796, S. 61. – Hier zitiert nach: Manuel Frey (wie Anm. 6), S. 133.

Ernährung und Pflege

Milchpumpe

Mundgeblasenes Glas, 22,5 x 7 cm,
2. Hälfte 19. Jahrhundert,
Bezirksmuseum Dachau, Slg. Museumsverein
Dachau, Inv. HA b/4083

Ist der Mutter nicht möglich ihr Kind direkt an der Brust zu stillen, kann sie eventuell mit Hilfe der Brustpumpe Milch absaugen. Bei dieser gläsernen Milchpumpe saugte die Frau selbst an der langen Tülle, um den Milchfluss in Gang zu setzen.

Lit.: Marion Maria Ruisinger (Hg.), Auf Leben und Tod. Zur Geschichte der Entbindungskunst (Ausstellungskatalog des Deutschen Medizinhistorischen Museums Ingolstadt), Ingolstadt 2009, S. 53.

»Ein Seug-Amme«

Kupferstich von Jakob Christoph Sartorius (1650–1740), Nürnberg 1679, Reproduktion

Bis in das 19. Jahrhundert war es in adeligen und großbürgerlichen Kreisen üblich, die Kinder nicht von der Mutter, sondern durch eine Amme säugen zu lassen. Für Frauen aus den unteren Bevölkerungsschichten stellte das Ammenwesen eine Einnahmequelle dar.

Zwei Kindersaugfläschchen, »Ludln«

o. Abb.
a) Zinn, unmarkiert, Höhe: 12,5 cm, um 1850,
Stadtmuseum Erlangen, Inv. N 1135

b) Glas mit Zinnmontierung, Höhe: 20,5 cm,
19. Jahrhundert,
Bezirksmuseum Dachau, Slg. Dachauer Galerien
und Museen, Inv. HS 2074

Auf Tafelbildern und Gemälden lassen sich bereits seit dem 15. Jahrhundert gedrechselte Holzflaschen und Sauggeräte aus Metall, ähnlich kleinen Kannen, als Saugflaschen für Säuglinge und Kleinkinder nachweisen. Neben Holzflaschen waren auch solche aus Horn, Ton und Glas üblich, die jedoch wegen Ihrer Zerbrechlichkeit weniger langlebig waren. Seit dem 18. Jahrhundert kamen vermehrt Zinnsaugflaschen in Gebrauch. Zwar waren diese haltbarer, dafür aber meist stark bleihaltig und führten bei längerem Gebrauch zu Vergiftungen. Wegen ihrer engen Öffnung waren sie schlecht zu reinigen. Vom 19. Jahrhundert an verdrängte die Saugflasche aus Glas, die sogenannte Ludl, alle anderen Materialien. Die zu Anfang noch gläsernen Saugansätze wurden bald durch Schraubaufsätze aus Zinn ersetzt. Dabei blieb die Gefahr weiterhin groß, durch die starren Sauger den empfindlichen Gaumen des Kindes zu verletzen. Mit Leinenläppchen oder einer gegerbten Zitze, die man über den Sauger stülpte, versuchte man dem entgegenzuwirken.

»Meine Mutter hat keine Muttermilch gehabt, und sie hat auch nicht genügend Milch kriegt vom Schlossgut. (…) So hat mich die Mutter mit Malzkaffe aufgezogen. Den hats in die Ludlflaschen, so hat man damals die Milchflaschen für die kleine Kinder geheißen. Da ist ein Korken oben drin gewesen, und durch den ist ein Schlauch gangen, und da drauf ist er Dietzel gesteckt. Später hat mir der Vater einmal Bier in die Ludlflaschen und hat sich recht gefreut, weil ich gleich fest gezogen hab. Er hat gesagt: ›Das wird ein echtes Münchner Kindl‹.«

Milchflaschen mit langem Steigrohr und Kautschuksaugern waren um 1870 gebräuchlich geworden. Sie hatten gegenüber den festen Saugern den Vorteil, dass sie besser zu reinigen und für den kindlichen Gaumen weniger gefährlich waren. Seit etwa 1910 sind Glasfläschchen in der heute bekannten Form in Gebrauch.

Zitat: Carlamaria Heim, Josefa Halbinger Jahrgang 1900.
Lebensgeschichte eines Münchner Arbeiterkindes.
Nach Tonbandaufzeichnungen zusammengestellt und
niedergeschrieben, München 1980, S. 7.
Lit.: Dieter Klebe und Hans Schadewaldt, Gefäße zur
Kinderernährung im Wandel der Zeit, Frankfurt am Main
1955.

Bettflasche

o. Abb.
Zinn, unmarkiert, 27,5 x 19,5 x 12 cm, 19. Jahrhundert,
Bezirksmuseum Dachau, Slg. Museumsverein Dachau,
Inv. HS 90

Die Wärmflasche ist mit einer Vertiefung ausgestattet, die ein Kindersaugfläschchen aufnehmen kann. So konnte die Nahrung für den Säugling länger warmgehalten werden.

Schnuller, auch »Dutzel«, »Dietzel«

o. Abb.
Zu einem Säckchen zusammengebundenes quadratisches Stück Leinenstoff, gefüllt mit zuckergemischtem Brot, Reproduktion

Der »Zolp«, »Zulp« oder »Zulper«, im Bayerischen als »Dietzel« bezeichnete Schnuller ist »ein weißes, weiches und von zarter Leinwand zusammengezogenes Tüchlein, worein Kraft- oder Zuckerbrot in gebrannte Wasser oder andere stärkende Sachen getauchet, geschlagen, und denen kleinen Kindern in den Mund gegeben wird, damit sie den Saft heraussaugen und ziehen; wird an denjenigen Orten gebrauchet, wo es nicht Mode ist, die kleinen Kinder zu säugen oder zu stillen, dergleichen man in Augsburg und anderen Orten ersiehet.« 1715 beschrieb der deutsche Jurist und Schriftsteller Gottlieb Siegmund Corvinus in seinem bekannten Werk »Nutzbares, galantes und curiöses Frauenzimmer-Lexikon« einen Beruhigungssauger für Kleinkinder, wie er noch bis in die Mitte des 20. Jahrhunderts gebräuchlich war.

Zitat: Amaranthes (d. i. Gottlieb Siegmund Corvinus), Nutzbares, galantes und curiöses Frauenzimmer-Lexicon (…), Leipzig 1715, S. 2165. – Zitiert nach:
http://diglib.hab.de/wdb.php?dir=drucke/ae-12.

Steckkissen

o. Abb.
Weißer Baumwolljacquard mit Baumwollspitze, mit breiten Bändern zum Binden, Gesamtgröße: 122 x 69 cm, geschlossen: 85 x 44 cm, um 1920,
Bezirksmuseum Dachau, Slg. Dachauer Galerien und Museen, Inv. TR 5004

Im 19. Jahrhundert und noch zu Beginn des 20. Jahrhunderts waren sogenannte Steckkissen sehr beliebt. Das gewickelte Kind konnte so besser herumgetragen werden. Zwei Formen des Steckkissens waren gebräuchlich: ent-

weder steckte man das Kind in einen an den Seiten geschlossenen Schlafsack oder legte es auf ein langes Kissen, das am unteren Ende über Beine und Leib des Kindes geschlagen wurde und mit seitlich angebrachten Bändern zu einem Bündel zusammengebunden wurde.

Wickelkind

Holzstich nach einem Gemälde von Minna Budinsky, 23,2 x 16 cm, um 1880,
Bezirksmuseum Dachau, Slg. Dachauer Galerien und Museen, Inv. A-G-9

Der Holzstich zeigt nicht nur die lebensnahe Darstellung eines mit einem Steckkissen umschnürten Wickelkindes, sondern auch die Situation eines älteren Kindes oder Geschwisters. Denn innerhalb einer Familie war es meist selbstverständlich, dass die älteren Geschwister oder selbst noch junge Kindsmägde zur Beaufsichtigung der Jüngeren herangezogen wurden. Ein weiteres interessantes Detail ist der hier verwendete Beruhigungssauger:

ein quadratisches, in der Mitte zusammengebundenes Leinentüchlein. Dieses Tüchlein wurde mit zerstoßenen harten Brotstücken oder ähnlichem gefüllt, mit Milch oder Wasser angefeuchtet und dem Kind zum Saugen in den Mund gesteckt.

Muspfanndl

o. Abb.
Messing, Eisenstiel, Durchmesser: 17 cm, Stiellänge: 45 cm, 19. Jahrhundert,
Bezirksmuseum Dachau, Slg. Museumsverein Dachau, Inv. HS 3204

Das »Muspfandl«, wie das Töpfchen zum Brei kochen genannt wurde, war häufig eine kleine langstielige Pfanne. In ihr wurde am Feuer das Mehlmus oder der Getreidebrei für das Kind zubereitet und mit dem »Pfannenknecht«, einem eisernen Gestell, auf den Tisch gestellt.

Warmhalteteller

Steingut, Zink, Messing, Auflegedekor,
Durchmesser: 21,3 cm, 1. Viertel 20. Jahrhundert,
Stadtmuseum Fürstenfeldbruck, Inv. 08993

Von dem Zeitpunkt an, da das Kleinkind nicht mehr ausschließlich gestillt, sondern bereits mit Brei oder Mus zugefüttert wurde, musste die Nahrung für längere Zeit warm gehalten werden. Zu diesem Zweck wurde unter einen Porzellanteller ein metallener Wärmebehälter montiert, in den seitlich über eine Tülle heißes Wasser eingefüllt werden konnte. Zwei Griffe ermöglichten das gefahrlose Tragen.
    Der Dekor mit Szenen aus dem Märchen Hänsel und Gretel spielt auf das Bedürfnis des Sattwerdens an.

Kinderlöffel

o. Abb.
Zinn (?), versilbert, graviert: »Georg«, Länge: 17,3 cm, um 1920,
Bezirksmuseum Dachau, Slg. Dachauer Galerien und Museen, Inv. HS 2565

»Messer, Gabel, Schere, Licht sind für kleine Kinder nicht!«, so mahnt ein altes Sprichwort. Demnach wäre der Löffel, mit Ausnahme der Finger, das einzige Hilfsmittel zum Essen gewesen, das man dem Kind in die Hand gab. Im bürgerlichen München des 18. Jahrhunderts gehörte der Löffel zum besonderen Geschenk des Paten oder der Patin: »Wenn das Kind erwachsen ist, so beköммts einen silbernen Göthenlöffel, worauf der Name des Göthens oder Taufpatens steht.« Gegen Ende des 19. Jahrhunderts kamen vermehrt komplette Kinderbestecke in Gebrauch, die sich nur in ihrer Größe von denen der Erwachsenen unterschieden. Ein eigens für Kinder entwickeltes zweiteiliges Besteck bestand aus einem gebogenen Löffel und einem Essschieber und war für die ersten eigenständigen Essversuche des Kindes gedacht. Bis heute sind Kinderbestecke beliebte Geschenke zur Taufe oder zum ersten Geburtstag des Kindes. Sie sind häufig mit Märchenszenen, Spielsachen oder Tieren verziert oder mit dem Vornamen oder den Initialen des Kindes versehen.

Zitat: Lorenz Westenrieder, Beschreibung der Haupt- und Residenzstadt München im gegenwärtigen Zustande, München 1782, (Reprint 1984), S. 293.

Kinderbettflasche

o. Abb.
Walzenförmige Steingutflasche mit Bakelitverschluss und Drahtbügel, Höhe: 16 cm, um 1910,
Bezirksmuseum Dachau, Slg. Dachauer Galerien und Museen, Inv. HS 2565

Um in der kalten Jahreszeit das Bettzeug des Kindes in der Wiege oder im Bettchen anzuwärmen oder auch das Kind selbst zu wärmen, stellte die Fa. Letscher im Westerwald diese kleinen Flaschen aus Ton her.

Kinderbadewanne

o. Abb.
Zink, mit zwei beweglichen Tragegriffen,
75 x 35 x 43,5 cm, 19. Jahrhundert,
Bezirksmuseum Dachau, Slg. Museumsverein Dachau,
Inv. HS 4155

»Dass mangelnde Hygiene eine der Ursachen für zahlreiche Krankheiten und die hohe Kindersterblichkeit war, hatten Ärzte und Hebammen schon seit dem 18. Jahrhundert erkannt und forderten seither von den Müttern, ein größeres Augenmerk auf die Reinlichkeit ihrer Kinder, wie auch deren Umgebung zu haben. Doch galt Baden lange Zeit als Luxus. Ohne fließendes Wasser im Haus war das Baden, ähnlich dem Waschen, für die Frauen oder das Dienstpersonal eine anstrengende Arbeit. Wasser musste in großen Schüsseln auf dem Herd erhitzt und dann in den Waschzuber gegossen werden. Nach dem Baden wurde dieser wieder mühevoll geleert.
Josefa Halbinger, Jahrgang 1900, erinnert sich an ihre Zeit als Internatsschülerin: »Gebadet haben wir uns einmal im Jahr, gewaschen halt in der Früh. Da sind ein Haufen Waschschüsseln nebeneinander gestanden, da hat jeder eine eigene gehabt. Aber unten herum haben wir uns nie waschen dürfen, nie. (...) Die Füß vielleicht? Das weiß ich nicht mehr. Gesicht und Hände haben wir halt alle Tag gewaschen und die Zähne geputzt.«

Zitat: Joseph von Koch-Sternfeld, Salzburg und Berchtesgaden in historisch-statistisch-geographischen- und staatsökonomischen Beyträgen, Bd. 2, Salzburg 1810, S. 228. –
Zitiert nach: Vater. Mutter. Kind. Bilder und Zeugnisse aus zwei Jahrhunderten (Ausstellungskatalog des Münchner Stadtmuseums), München 1987. –
Zitat: Carlamaria Heim, Josefa Halbinger Jahrgang 1900. Lebensgeschichte eines Münchner Arbeiterkindes, Nach Tonbandaufzeichnungen zusammengestellt und niedergeschrieben, München 1980, S. 13.

»Der 24. April 1935 war ein wunderschöner Frühlingstag. In den Gärten, auf den Wiesen und in den Wäldern blühten in voller Pracht die Schneeglöckchen, Schlüsselblumen, Anemonen und Dotterblumen. Die Knospen sprießten und die Vögel zwitscherten. Die Natur war zu vollem Leben erwacht.
Doch in Fürholz, im Haus des Postboten, wartete ein unheimlicher Gast auf die Seele der blutjungen, seit Wochen bettlägrigen, todkranken Mutter. (...). Inzwischen hatte die Schwester der Todgeweihten die Versehgarnitur in der Todeskammer hergerichtet und die Kerzen angezündet. Nach und nach trafen der Vater, der Pfarrer und der Mesner ein. Nach der Beichte, der Kommunion und der letzten Ölung füllte sich die Kammer mit den Kindern, dem Nachbarn und der Schwester. Der Doktor kontrollierte laufend den Puls. Er sprach kein Wort, nickte nur vielsagend mit dem Kopf. Dann knieten sich die Kinder vors Bett und fingen zu weinen an. Die Mutter lag leichenblaß und mit tief liegenden Augen in den Kissen. Dann richtete sie sich ein bisschen auf, machte jedem Kind das Kreuzzeichen auf die Stirn und sprach ganz leise: ›Bleibts brav und anständig und bets für mi an Vaterunser.‹ Kein Laut war in der Kammer zu vernehmen. Die Kinder schüttelte es, sie schluchzten und weinten bitterlich. Sie wischten sich mit den Fingern die Tränen aus den Augen und aus dem Gesicht. Dann kniete sich auch noch der Vater hin. Er brachte kein Wort heraus. Er ließ den Kopf hängen und weinte still in sich hinein. Mutter fasste seine Hand und tröstete ihn: ›Du warst so an braver und fleißiger Mann.‹ Mit diesen Worten machte sie noch einen tiefen langen Atemzug. Dann fiel der Kopf zurück. Unheimliche, lähmende Stille herrschte. Der Doktor beugte sich über sie und drückte ihr fast liebevoll die Augen zu. 39 Jahre war sie alt.«

Aus: Martin Meier, Das war Armut, Erinnerungen aus der »guten« alten Zeit. Landleben in den 20er und 30er Jahren, 2. Band, Dießen am Ammersee 1995, S. 133 f.

Zwei ständige Begleiter der Kindheit – Krankheit und Tod

Heile, heile, Segen!
Morgen gibt es Regen,
übermorgen Schnee:
dann tut's nicht mehr weh. [1]

Säuglinge und Kleinkinder erkrankten häufig und für viele von ihnen bedeutete dies bereits den Tod. Um die Mitte des 19. Jahrhunderts starben laut Statistik in Oberbayern 50,9 Prozent aller Kinder innerhalb der ersten fünf Lebensjahre. 43,7 Prozent machte die Todesrate allein bei den Kindern unter einem Lebensjahr aus. Eine so hohe Kindersterblichkeit erreichten sonst nur Gebiete mit schlechten hygienischen Verhältnissen. [2] Die Ärzte waren sich weitgehend einig, dass dies auf die falsche Ernährung zurückzuführen sei. Von Seiten des Staates wurden große Anstrengungen unternommen, mit sanitätspolizeilichen Maßnahmen die besonders hohe Sterblichkeitsrate unter den Münchner Findel- und Kostkindern zu senken.

Kindern, die in besonders ärmlichen Verhältnissen aufwuchsen, fehlte es meist schon an der mütterlichen Pflege, um eine schwere Krankheit zu überstehen. Auch die klassischen Kinderkrankheiten wie Masern, Röteln und Scharlach, wegen ihres Hautausschlages allgemein als Frieseln bezeichnet, verliefen für Kinder mit schwacher Konstitution bereits tödlich. Alle Erkrankungen, die mit krampfartigen Begleiterscheinungen einhergingen und epileptische Züge trugen, wurden als »Frais« bezeichnet.

Wenn ein Kind erkrankte, so suchte man in der Regel keinen Arzt auf und dies nicht nur, weil man ihn nicht bezahlen konnte. Trotz der medizinischen Fortschritte, wie sie seit dem 18. Jahrhundert kontinuierlich gemacht wurden, stellte sich der Nutzen für die Patienten erst im Verlauf der zweiten Hälfte des 19. Jahrhunderts ein. Bis dahin basierte das Wissen der Ärzte bestenfalls in der Beobachtung der Krankheit und im Experimentieren am Kranken selbst. Unter glücklichen Umständen förderte dies durch Zufall auch die Heilung. Diäten, Aderlässe, Abführ- und Brechmittel waren probate Mittel, mit

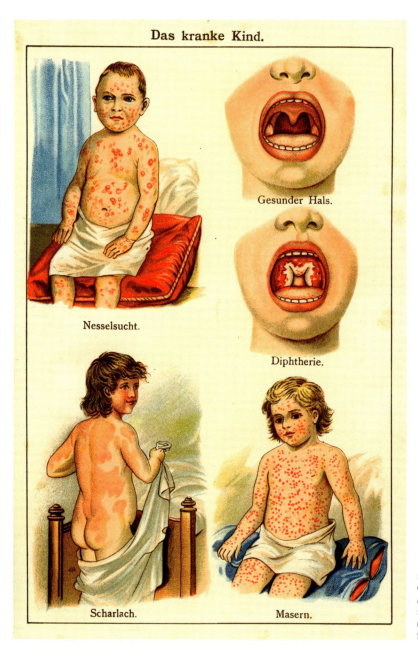

»Das kranke Kind«, Chromolithographie aus einem Ratgeber »Für junge Mütter« (siehe Katalogteil S. 22)

denen auch an kranken Kindern herumlaboriert wurde. Häufig zehrten diese Kuren zusätzlich an dem ohnehin bereits durch unzureichende oder fehlerhafte Ernährung geschwächten Körper und raubten ihm die letzten Widerstandskräfte. 3

So ist es nicht verwunderlich, dass das Vertrauen der Bevölkerung in seine Ärzte nicht allzu groß war, und »vorzüglich das Landvolk« den ärztlichen Dilettanten und Kurpfuschern »zu einem so ausgebreiteten Ruf, wie ihn die besten Ärzte nicht oft erlangen« verhalfen.[4]

Zumeist griff man auf tradierte Haus- und Sympathiemittel zurück oder suchte eine damit bewanderte Person im Dorf oder der näheren Umgebung auf. Fast resigniert vermerkte 1860 der Münchner Arzt Joseph Wolfsteiner: »Heute noch kann man (...) durch alle Schichten der Bevölkerung, von den Palästen Münchens bis in die Hütten der armen Leute in den entlegensten Gebirgstälern Oberbayerns, viele Mütter finden, welche ihren Säuglingen Gegenstände, denen man keine ärztliche Wirksamkeit zuschreiben kann, anhängen, um ihnen das Zahnen zu erleichtern.«[5] Kleine Schlüsselchen, Glöckchen, Korallenzweige, Natternwirbel und Zähne von Tieren waren nur einige der zauberischen Mittel, mit denen die Kinder vor Krankheit und Unheil geschützt werden sollten.[6]

Aberglauben und Hexenwahn waren nicht auf das einfache Volk beschränkt. Auch in die wissenschaftlichen Werken des 17. Jahrhunderts hatten sie Eingang gefunden. So stützte der deutsche Mediziner Gottfried Welsch (1618–1690) durch seine Übersetzung des »Kindermutter- und Hebammenbuchs« des Italieners Scipio Mercurio (1550–1615) dessen Meinung, dass das unnatürliche Abmagern bei Kindern, »dass man an ihnen nichts als Haut und Knochen übrig sihet«, auf ein Verhexen zurückgehe: »Es ist aber dieses abnehmen oder mager werden zweyerley: Entweder natürlich oder aus natürlichen Ursachen; oder nicht natürlich und rühret von Hexen her. Das letztere koembt eigentlich von beschreyen, zaeubern und hexen her«.[7]

In ihrer Not und Hilflosigkeit suchten Väter und Mütter nicht nur Hilfe in zauberischen Sympathiemitteln und fragwürdigen Praktiken, sondern auch im flehentlichen Gebet zu Gott und in der Anheimstellung zu einem bestimmten Heiligen an einer der zahlreichen regionalen Wallfahrtsorte. Votivtafeln und Mirakelbücher geben beredt Auskunft über die Sorgen und Ängste der Eltern um das kranke oder gar tote Kind. Im Mirakelbuch der Wallfahrt zum Schmerzensheiland in der Glonntal-Kapelle bei Petershausen finden sich zahlreiche derartige Eintragungen. Dorthin hatte auch im Jahr 1737 »Barbara Rottmayerin (...) ihr Töchterl in gefährlich Zustandt verlobt mit 3 Rosenkräntz und Opfer, ist augenblicklich bößer (= besser, Anm. d. Verf.) worden.« Im Jahr 1746 findet sich der Eintrag einer gewissen Helena Hartwegerin, die um die Genesung eines kranken Kostkindes bittet »welches weder geh noch steh kunte« und das sie »mit 2 wachsern Füßl, Opfer und Gebett« verlobt, worauf es »also gleich nach verrichter Andacht bösser worden (ist), und kunte das Kündt, wie zuvor, gehen.« [8]

Die mit Votivtafeln reich ausgestattete Wallfahrt Heiligenberg im Landkreis Rottal-Inn belegt den Kult zum Hl. Erasmus vor allem als Fürsprecher bei Magen- und Darmerkrankungen sowie schweren Blähungen, wie sie besonders häufig bei Säuglingen und Kleinkindern durch eine falsche Ernährung vorkamen.

Zumindest für die Kinder in den Städten trat ab der Mitte des 19. Jahrhunderts eine verbesserte medizinische Versorgung ein. 1846 gründete der praktische Arzt August von Hauner (1811–1884) in München eines der ersten Kinderkrankenhäuser im deutschsprachigen Raum. [9] Die private Kinderklinik verfügte zunächst nur über sechs Betten. Unterstützung erhielt Hauner durch einen eigens zu diesem Zweck gegründeten Verein, der unter dem Protektorat von Königin Therese, der Gattin König Ludwigs I., stand. Nach dem Willen Hauners sollte das Kinderspital nicht nur der Behandlung kranker Kinder dienen, sondern auch als Informationsstelle für Mütter über die richtige Ernährung, Pflege und Erziehung ihrer Kinder. Denn »Zweck der Erziehung kann (...) kein anderer sein, als naturgemäße harmonische Entwicklung und Ausbildung der im Kinde schlummernden physischen und psychischen Anlagen und Kräfte, dieselben zu leiten, dass die Gesundheit in keiner Weise beschädigt, dass die richtigen Metamorphosen des Körpers keine Störung erleiden, dass der Geist und das Gemüth im gesunden Körper allmählig und geschickt sich entfalten, und alle Hemmnisse, Nachtheile, üble Gewohnheiten und Gebräuche entfernt werden, die auf irgend eine Weise auf Körper und Geist verderblich einwirken könnten.« [10] August Hauner ging in Ansätzen bereits von einer ganzheitlichen Methode aus und befürwortete neben medikamentösen auch naturgemäße Behandlungsformen. So empfahl er bei Scharlach und Typhus auch die Heilkraft des Wassers zu nutzen und Kinder, die an Brust- und Unterleibskrankheiten litten, sollten in lauwarme Milchbäder gelegt werden. Mit großem Engagement setzte er sich für die Pockenimpfung ein, die er für eine »besonders segensreiche Erfindung«

Todesanzeige für die 9-jährige Karolina im »Amper-Boten« vom 1. Juli 1899

hielt.¹¹ 1886 wurde Hauners Kinderklinik vom Staat übernommen und mehrfach erweitert.

Hauner stand mit seinen Bemühungen um eine Verbesserung der Pädiatrie nicht allein. Auch anderen Ärzten lag eine verbesserte Versorgung der Säuglinge und Kleinkinder in München am Herzen. Zu diesem Zweck wurde 1899 der »Kinderspitalverein München-Nord« gegründet, der ebenfalls ein Krankenhaus unterhielt, aus dem später die »Kinderklinik und -Poliklinik der Technischen Universität« hervorging.

Rudolf Hecker, Mitbegründer des Kinderspitalvereins, rief die »Bayerische Zentrale für Säuglingsfürsorge« ins Leben. Sein »Hilfsbuch für Mütter« zur Kinderpflege erschien von 1915 bis in die 1930er Jahre in zahlreichen Auflagen und gab den Müttern grundlegende Informationen und praktische Anleitungen zur Säuglingspflege an die Hand.

»Vom Begräbnis heimgekehrt«. Vater und Tochter trauern um die Mutter, Holzstich aus dem illustrierten Familienblatt »Die Gartenlaube«, 1898

Das Großwerden der Kinder war mit vielerlei Gefahren für Gesundheit und Leben verbunden, die durch Unkenntnis, Unvorsichtigkeit, Übermut und Missgeschicke eintreten konnten. Besondere Gefahrenquellen ergaben sich auf den Bauernhöfen durch den Umgang mit Tieren. In den Werkstätten der Handwerker war die falsche Handhabung von Werkzeug und Maschinen häufig der Grund für schreckliche Unfälle. Auch noch so große Umsicht der Eltern konnte diese nicht immer verhindern und nicht selten trug das Kind Schäden davon, die es zeitlebens zeichneten, wenn es den Unfall nicht gar mit dem Leben bezahlen musste.

Während der morgendlichen und abendlichen Stallarbeit, die Frauen und Männer gemeinsam verrichteten, war es üblich, Säuglinge und kleine Kinder mitzunehmen, um sie nebenher beaufsichtigen zu können. Wie gefährlich dies sein konnte, davon berichtet Hans Schrall, der als Kind »beim Wilmo«, in einem kleinbäuerlichen Anwesen in Röhrmoos, aufgewachsen war: »Meine Eltern nahmen mich als Kleinkind, als ich schon krabbeln und vielleicht ein bisschen laufen konnte, mit in den Stall. Es wurde hinten auf dem Stroh eine Decke ausgebreitet, auf die sie mich setzten. Die Mutter erzählte, sie war gerade beim Melken und mein Vater mit der Viehfütterung beschäftigt. In der kurzen Zeit, in der sie mich nicht im Blickfeld hatten, muss ich schnell zum großen Ochsen gekrabbelt sein. Als sie wieder nach mir schauten, sahen sie zu ihrem Schrecken, dass ich stehend den großen Hinterfuß vom Ochsen umarmte. Die Gefahr, dass mich der Ochs durch eine Schleuderbewegung umwerfen oder durch einen Tritt schwer verletzten könnte, war groß. Der Ochs durfte auf keinen Fall erschreckt werden. Nachdem sich meine Eltern vom ersten Schrecken erholt hatten, gingen sie rückwärts hinter den Ochsen. An der Mauer war ein kleines Kalb angebunden. Die Eltern sagten zu mir: ›Hansl, kimm, du derfts as Kaiwi streicheln.‹ Ich löste mich vom Ochsen und krabbelte zum Kalb, wo mich meine Eltern überglücklich in die Arme nahmen. Vielleicht war auch der Ochs so gescheit, dass er einem kleinen Buben nichts antun wollte. Man darf hier den Schutzengel nicht vergessen, den man besonders in den Kinderjahren und auch fürs ganze Leben braucht.« [12]

»Erkrankte ein kleines Kind, so suchte man in der Regel keine ärztliche Hilfe, theils weil man glaubt, man könne in Krankheiten kleinen Kindern nicht viel helfen, theils weil man sich über ihren Tod leicht tröstet, denn das Kind kommt ja gleich in den Himmel, etwas besseres kann man ihm nicht geben; wenn es am Leben bliebe, würde ja doch nur Mühe und schwere Arbeit sein Los sein.« [13] Diese pragmatische Haltung der Eltern, wie sie der Münchner Arzt Joseph Wolfsteiner um 1860 beschreibt, kommt uns heute herzlos, ja geradezu kaltherzig vor. »»Gottseidank, dass da Himmevata den Buam wieder g'holt hat‹, atmete erleichtert die Oberholzerin auf, als ihr zwölfter, noch ungetaufter Bub nach zwei Tagen verstarb.« [14]
Felix Dahn berichtet über die Begräbnissitten für verstorbene Kinder in Oberbayern: Der Sarg und die Leiche des Kindes werden am Vorabend des Begräbnisses »von den Jungfrauen und Junggesellen der Nachbarschaft geschmückt mit Rauschgold und Kränzen und einer Königskrone von Wintergrün, mit rothen Bandschleifen und Flittergold geziert«. Häufig ist dabei die Krone, die später zu bestimmten Anlässen wieder auf das Grab gelegt wird, das letzte Geschenk des Paten. Außerdem war es üblich, Kinder, verstorbene Wöchnerinnen in ihrem ersten Kindbett und Jungfrauen in weißen Kleidern zu be-

statten. Starben Mutter und Kind bei der Geburt, wurde das Kind der Mutter in den Arm gelegt und beide wurden gemeinsam beerdigt. Kindersärge wurden häufig von Kindern oder einer weiß gekleideten Jungfrau getragen, ebenso wie das bunt bemalte Holzkreuz, das dem Trauerzug vorangetragen und anschließend auf das Grab gesteckt wurde.

Trauerzeiten konnten in den verschiedenen Regionen unterschiedlich lang sein. So hielt man in der Gegend zwischen Lech und Ammersee für ein verstorbenes Kind ein Jahr und vier Wochen Trauer, während im Traungau für Geschwister lediglich fünf Wochen üblich waren.[15]

1
Aus: Heinrich Wolgast, Schöne alte Kinderreime für Mütter und Kinder, Buchschmuck von Josef Mauder, München (Buchverlag der Jugendblätter) o. J. (um 1925), S. 16.

2
Joseph Wolfsteiner, Volkskrankheiten und Volksmedicin, in: Bavaria. Landes- und Volkskunde des Königreichs Bayern, Bd. I/2, München 1860, S. 455.

3
Hierzu: Albrecht Peiper, Chronik der Kinderheilkunde, Leipzig 1951 und Wilhelm Theopold, Das Kind in der Votivmalerei, München 1981.

4
Wie Anm. 2, S. 460.

5
Ebd., S. 464 f.

6
Vgl. hierzu: Hedi Heres, Zuflucht zum Glauben – Flucht in den Aberglauben, (= Kulturgeschichte des Dachauer Landes 8), Dachau 1997.

7
Gottfried Welsch, La Commare dell Scipione Mercurio: Kindermutter- Oder Hebammen-Buch (…), Leipzig 1652, S. 744. – Das Buch wurde von G. Welsch 1671 mit Verbesserungen und Ergänzungen neu herausgegeben.

8
Zitate aus: Mirakelbuch der Wallfahrt zur Glonnkapelle bei Petershausen, 1736–1785, Eintragungen aus den Jahren 1737 und 1746.

9
Als Vorbild diente August Hauner das 1837 gegründete St. Anna Kinderspital in Wien.

10
August Hauner, Grundzüge der physischen Erziehung der Kinder. Aus den Vorlesungen im Kinderspitale, München 1868, S. 6 f. – Zitiert nach: http://de.wikipedia.org/wiki/August_Hauner.

11
Ebd., S. 146.

12 Hans Schrall und Angelika Sigerist, Beim Wilmo. Erinnerungen von Hans Schrall, Röhrmoos 2007, S. 13.

13
Zitat: Joseph Wolfsteiner, (wie Anm. 2), S. 456.

14
Martin Meier, Das war Armut. Landleben in den 20er und 30er Jahren, 2. Band, S. 232.

15
Bavaria. Landes- und Volkskunde des Königreichs Bayern. Bd I/2 (Ober- und Niederbayern), München 1860, S. 411.

Krankheit und Tod

Fraiskette

Rotes Band mit 13 Amulettanhängern v.l.n.r: Tiergebiss, Muskatnuss, Wolfgangihackl, Koralle, Wallfahrtsanhänger St. Antonius und St. Franziskus, Fisch, Caravacakreuz, Lochstein, sog. Trudenstein, Medaille vom Kinderfriedensfest in Augsburg, Turboschnecke, Gichtkugel, Notburgasichel, Wallfahrtsmedaille Maria Zell und Benediktuspfennig, Gesamtlänge: 86 cm, 18./19. Jahrhundert,
Bezirksmuseum Dachau, Slg. Museumsverein Dachau, Inv. RV 1291

Zitat: Johann Andreas Schmeller, Bayerisches Wörterbuch, zweite vermehrte Ausgabe, München 1872, Bd. 1, Sp. 826.

Unter Fraisen (ahdt. »fraisa« = Schrecken) wurden in volksmedizinischer Vereinfachung verschiedene Krankheiten verstanden, die u. a. von Krämpfen und epileptischen Anfällen begleitet wurden. »Bey Kindern unterschieden die Mütter das Uebel nach den dabey vorkommenden Umständen mit verschiedenen Namen, als da sind z. B. die Kopffrais, (wobey sich im Gesicht ein unwillkürliches Zucken und Lächeln zeigt); die schreyende Frais; die stille Frais; die Sperrfrais, (wobey die Speiseröhre versperrt ist, und nichts mehr einnimmt); die Wurmfrais, (die von Würmern im Leibe herrührt); die Zanfrais, (durch schweres Zahnen verursacht).« Fraisketten, auch Fraisbeter (mdtl. »Froasbetta«), sind Kompositamulette mit einer meist ungeraden Anzahl von Amulett-, Sakral- und Devotionalanhängern.

Fraiskette

Natternwirbel, Metalldraht, Gesamtlänge: 54 cm, 19. Jahrhundert,
Bezirksmuseum Dachau, Slg. Museumsverein Dachau, Inv. RV 1120

Diese Fraiskette ist »aus allen, vom Fleische gereinigten Wirbelknochen einer Natter gemacht, welche man im Frauen dreißigst lebendig gefangen, in einem verschlossenen Topf durch Hunger und Hitze getödtet, und dann in einen Ameisenhaufen gelegt hat, damit durch diese Thierchen das Fleisch weggenagt wurde.« Kindern umgehängt oder unter das Kopfkissen des an der Frais erkrankten Kindes gelegt, erhoffte man sich davon eine heilsame und rettende Kraft.

Fraisenhäubchen

Leinen mit aufgenähter Seidenborte, Höhe: 9 cm,
18. Jahrhundert,
Bezirksmuseum Dachau, Slg. Museumsverein Dachau,
Inv. RV 1115

Diese aus vier gleichgroßen keilförmigen Leinenstücken zusammengenähten Käppchen, auch »Loretohäubchen« genannt, wurden Kinder, die unter krampfartigen Erscheinungen litten, aufgesetzt oder unter das Kopfkissen gelegt. Größere Häubchen wurden den Gebärenden aufgesetzt, um die Geburt zu erleichtern. Die Häubchen brachte man von verschiedenen Wallfahrtsorten wie aus dem Loretokloster in Salzburg und dem Kapuzinerkloster in Linz mit. Als Devotionalien waren sie am Kultbild berührt worden, um so dessen Heilkraft auf den Gegenstand zu übertragen.

Lit.: Marie Andree-Eysn, Volkskundliches aus dem bayrisch-österreichischen Alpengebiet, Braunschweig 1910, S. 133.

Loreto- oder Fraisenhemdchen

o. Abb.
Leinen, bestickt, Höhe: 6,3 cm,
19. Jahrhundert,
Bezirksmuseum Dachau, Slg. Museumsverein Dachau,
Inv. RV 1117

Diese Miniaturhemdchen wurden im Kloster St. Maria Loreto zu Salzburg hergestellt und vertrieben. Die weißen Hemdchen aus Leinen, später aus feiner Baumwolle, wurden mit roter Seide umstickt und einem Stempel bedruckt, der das sogenannte Loretokindl, das Gnadenbild des Klosters, zeigt. Wie das Fraisenhäubchen wurde auch das Hemdchen den kranken Kindern unter das Kopfkissen gelegt.

Lit.: Marie Andree-Eysn, Volkskundliches aus dem bayrisch-österreichischen Alpengebiet, Braunschweig 1910, S. 134.

Acht Votivtafeln

In der Wallfahrtskirche St. Erasmus in Heiligenberg im Rottal werden heute noch weit über 150 Votivbilder verwahrt. Auf vielen von ihnen sind Kindbettnöte und die elterliche Sorge um erkrankte Kinder als Ursache des Verlöbnisses angegeben.
Erasmus lebte als Bischof im 3. Jahrhundert in Antiochien und erlitt unter Kaiser Diokletian um das Jahr 300 den Märtyrertod. Seit dem 6. Jahrhundert wird er kultisch verehrt und seit dem Mittelalter zu den 14 Nothelfern gezählt. Er wird vor allem bei Unterleibsbeschwerden, Koliken und Bauchschmerzen angerufen.

Lit.: Wilhelm Theopold. Das Kind in der Votivmalerei, München 1981

Eltern mit ihrem Säugling

Öl auf Fichtenholz, bemalter und profilierter Holzrahmen, 25,2 x 20 cm, datiert: 1833,
Katholische Kirchenstiftung Heiligenberg, Gde. Schönau

Die Votivtafel zeigt eine sehr seltene Momentaufnahme einer familiären Situation im bäuerlich-ländlichen Milieu: Vater und Mutter kümmern sich gemeinsam um den offenbar kranken Säugling. Auf einem schlichten Holztisch liegt das nackte Kind. Die Mutter hat ihre Hand am Unterleib des Säuglings, um vielleicht die Stelle des Schmerzes zu zeigen. Der Vater hält währenddessen seine linke Hand.
Über der Darstellung steht in einem Wolkenkranz der Hl. Erasmus im Bischofsornat.

Tödlicher Sturz vom Baum

o. Abb.
Öl auf Fichtenholz, mit Holzleiste gerahmt, 39,5 x 32 cm,
datiert: 1707,
Katholische Kirchenstiftung Heiligenberg,
Gde. Schönau, Inv. 25

»Weillen mir der algietige Gott ain Sohnlein. Mittels aines Baumfahls abgefortert hat. Ass (= Es) woll der almechige Gott durch die Vorbitt des heiligen Erasmi und h: Andoni. Meine m (=n)och habent 4 Kinder vor solchigen Unghlik genediglich behuetten und mich ain so groses Laid nit mer ansehn lasn. 1707.« Das Textfeld unterhalb der bildlichen Darstellung erläutert die zweifache Intention der Anheimstellung: Nachdem der älteste Sohn durch einen Sturz vom Baum ums Leben gekommen war, erbittet der Vater mit Fürsprache der Hl. Erasmus und Hl. Antonius, dass Gott seine noch vier lebenden Söhne vor solchem Unglück und ihn selbst vor solchem Leid bewahren möge. Auf der Votivtafel ist die gesamte Familie, links der Vater mit den fünf Söhnen und rechts die Mutter mit den zwei Töchtern, in Gebetshaltung dargestellt. Die beiden Töchter, ein älteres Mädchen und ein Säugling, sind ebenfalls bereits verstorben, wobei die große Tochter wohl zu einem späteren Zeitpunkt starb, was am Kreuz über ihrem Kopf zu erkennen ist. Im Text wurde ebenfalls die ursprüngliche Zahl »5« überschrieben. Das Votivbild zeigt in der oberen Bildhälfte die beiden Heiligen Erasmus und Antonius auf Wolken und das Unglück selbst: Links im Bild ist der Baum mit dem herunterstürzenden Knabe zu sehen. Eine zweite Person (Vater?/Bruder?) beobachtet das Geschehen von einer Weide mit Pferden und Rindern aus. Dies legt die Vermutung nahe, dass das Unglück während des Viehhütens geschah.

Mutter mit Kleinkind

Abb. (Detail)
Öl auf Fichtenholz, bemalter und profilierter Holzrahmen, 26 x 21,9 cm, datiert: 1836,
Katholische Kirchenstiftung Heiligenberg,
Gde. Schönau, Inv. 36

Das Votivbild zeigt eine Bäuerin im Festtagsstaat mit Pelzhaube, Schalk und Florschnalle, auf einer Gebetsbank kniend. Vor sich auf die Lehne hat sie ihr kleines Kind gesetzt, das die Händchen zum Gebet gefaltet hat. Das Kind – ob Mädchen oder Junge ist nicht zu erkennen – trägt ein weißes Häubchen, das mit einem roten Band gebunden ist, und ein blaues langes Kleid mit weißrotem Kragen. Über den Votanten ist in einem von einem Licht hell erleuchtetem Wolkenkranz die Halbfigur des Hl. Erasmus dargestellt. In der rechten unteren Bildecke lehnt eine Kartusche mit der Aufschrift »Ex voto 1836«.

Mutter mit Kleinkind

Mutter mit Kleinkind

o. Abb.
Öl auf Fichtenholz, bemalter und profilierter Holzrahmen, 25,6 x 19,3 cm, datiert: 1818,
Katholische Kirchenstiftung Heiligenberg,
Gde. Schönau, Inv. 4

Mutter mit Kind

Öl auf Fichtenholz, bemalter und profilierter Holzrahmen, 25,2 x 20 cm, datiert: 1833,
Katholische Kirchenstiftung Heiligenberg,
Gde. Schönau, Inv. 3

Kleinkind

o. Abb.
Öl auf Fichtenholz, bemalter Holzrahmen,
22,9 x 19 cm, datiert: 1833,
Katholische Kirchenstiftung Heiligenberg,
Gde. Schönau, Inv. 30

Auf einem am Boden liegenden weißen Kissen, das seitlich mit roten Bändern geschlossen ist, sitzt ein kleines Kind, die Hände zum Gebet gefaltet. Es trägt ein Kränzchen aus Perlen oder Blumen auf dem Kopf und ein langes hellblaues, mit roten Blüten und grünem Blattwerk geziertes Kleid, das an Saum, Ärmeln und Kragen mit weißer Spitze verziert ist. In der linken Bildhälfte ist ein schräg gestelltes Schild mit der Inschrift »EXVOTO 1833.« zu sehen. Die obere Bildhälfte nimmt die von einem Wolkenkranz umrahmte Himmelsöffnung ein, darin der Hl. Erasmus als Dreiviertelfigur im Bischofsornat, mit Stab, Mitra und der Darmwinde als Attribut seines Martyriums in der rechten Hand erscheint.

»Maria Jausbekin, Wastlbäuerin von Tabeckendorf verlobte ihr kleines Kind in der Darmfrais hieher zum hl. Erasmus und ist ihr geholfen worden. Gott und den hl. E. sey Dank gesagt. EXVOTO. 1833.« Die »Frais« (ahd. fraisa = Schrecken) umschreibt alle jene Krankheiten, die mit Krämpfen und epileptischen Anfällen einhergehen. Hier wird sie als »Darmfrais« spezifiziert. Vermutlich litt das Kind unter Magenkrämpfen. Tabeckendorf liegt über 20 Kilometer nordöstlich von Heiligenberg in der Gemeinde Rossbach. Die Mutter hatte also entweder einen ca. fünf- bis sechsstündigen Fußweg auf sich genommen oder war mit dem Gäuwagen unterwegs, um an den Wallfahrtsort zu gelangen.

Kleinkind

Öl auf Fichtenholz, bemalter und profilierter Holzrahmen, 24,7 x 17,2 cm, datiert: 1866,
Katholische Kirchenstiftung Heiligenberg,
Gde. Schönau, Inv. 31

Mädchen im Bett

Öl auf Fichtenholz, bemalter profilierter Holzrahmen,
19 x 22,3 cm, datiert: 1846,
Katholische Kirchenstiftung Heiligenberg,
Gde. Schönau, Inv. 21(?)

In einem blauen Biedermeierbett liegt ein junges Mädchen mit langen braunen Haaren. Die Bettwäsche ist rautenförmig gemustert und

mit rosa weißen Blüten und grünen Blättern verziert. Das Mädchen trägt ein langärmeliges weißes Nachthemd. In den Händen hält sie einen Rosenkranz. In der rechten unteren Bildhälfte steht ein übergroßes Volutenschild mit der Aufschrift: »EXVOTO. ANNO. 1846.« Über dem Bett steht auf einem halbkreisförmigen Wolkenrand der Hl. Erasmus im roten Bischofsmantel mit Stab und Mitra. In der rechten Hand hält er die Darmwinde als Attribut. Die Darstellung wird von einem roten Vorhang eingerahmt. Die Bildtafel ist an den beiden Längsseiten abgeschrägt und in einen profilierten Holzrahmen gefasst.

Klistierszene

Tempera auf Elfenbein, monogr.: J. B., Elsass,
18. Jahrhundert, Reproduktion,
Deutsches Medizinhistorisches Museum Ingolstadt

In den unteren Bevölkerungsschichten wurde bei einer Erkrankung des Kindes nur selten ein Arzt konsultiert, da man in der Regel keinen Arzt in der Nähe hatte und auch die Kosten nicht aufbringen konnte. Nur wohlhabende, in der Stadt lebende Familien nahmen die ärztliche Kunst regelmäßig in Anspruch. Die hier in feinstem Kolorit dargestellte häusliche Szene zeigt einen älteren Mann, wohl einen Arzt, der einem Kind, das von seiner Mutter gehalten wird, ein Klistier verabreicht. Kleidung, Haartracht und Einrichtung deuten auf einen bürgerlichen Haushalt hin.

Klistier

o. Abb.
Zinn, Länge: 27 cm, Mitte 19. Jahrhundert,
Bezirksmuseum Dachau, Slg. Museumsverein Dachau,
Inv. HA/b 4001.1

In einem Handbuch für Kinderkrankheiten von 1797 heißt es: »Ein Klistier für kleine Kinder. Man nimmt vier Löffel Milch, eben so viel Wasser, und einen halben Löffel Zucker, lässt diese Mischung am Feuer warm werden, und füllt sie hernach in eine Klistierblase, oder besser Klistierspritze; hierauf tut man noch zwei Löffel Öl dazu. Zu einem Klistier für größere Kinder kocht man eine Handvoll Pappeln (Malven) in einem Schoppen Wasser oder Milch, seigt die Abkochung durch ein Tuch, und setzt dann zu dem durchgeseigten einen Löffel Öl, auch bisweilen zwei bis drei Kaffeelöffel Salz (…).«

Zitat: Christian August Struve, Neues Handbuch der Kinderkrankheiten, besonders zum Gebrauch für Eltern und Erzieher, Breslau 1797, S.420. – Zitiert nach: Katharina Rutschky. Deutsche Kinder-Chronik. 400 Jahre Kindheitsgeschichte, Köln 1983, S. 82.

Zwei Schutzpocken-Impfbestätigungen aus den Jahren 1811 und 1823

o. Abb.
a) Amtlicher Textvordruck auf Papier, mit handschriftlichen Ergänzungen und Blindprägestempel, 34,8 x 20,9 cm, datiert: 22. Juni 1811, Bezirksmuseum Dachau, Slg. Museumsverein Dachau, Inv. A-HA-5

b) Amtlicher Textvordruck auf Papier, mit handschriftlichen Ergänzungen, 16,8 x 21,5 cm, datiert: 5. Juni 1823, Bezirksmuseum Dachau, Slg. Museumsverein Dachau, Inv. A-HA-4

Wortlaut des Impfscheins von 1811 (die handschriftlichen Eintragungen sind kursiv gesetzt): »Schutzpocken=Impfungs=Schein Nro. *341*. Daß im königlich Baierischen Gerichts= Bezirke Dachau zu *Einspach* der Pfarrey *Sulzemoos* den *15ten* des Monats *Juni* und Jahres *1811*, mit Namen *Rosina Niedermair v. Lederhof* alt *2* J. mit Schutzpocken geimpft wurde, welche sich bey der am 8ten Tage nach der Impfung erfolgten genauen Untersuchung der Form und Verlauf gemäß als ächt erwiesen, und benanntes Individuum von der Blattern= Krankheit schützen, dafür verbürgt sich D.(?). Gegeben zu *Einspach* den *22. Juni* im Jahr *1811. Johann Nep. Kamerloher, Pfarrer in Sulzemoos*«.
Der Impfschein von 1823 wurde auf den eindreivierteljährigen Peter Gräbler aus Indersdorf ausgestellt.
Die Verbreitung der Pocken oder »Blattern« in Europa wurde vor allem durch die Kreuzzü-

ge des 11. bis 13. Jahrhunderts begünstigt. In Europa galten Pocken als Kinderkrankheit, an der schätzungsweise mehr als 10 % der Kinder vor dem 10. Lebensjahr starben. Häufig zählten Kinder erst dann zur Familie, wenn sie die Pocken überstanden hatten. Ab dem 18. Jahrhundert häuften sich die Pockenfälle und lösten die Pest als schlimmste Krankheit ab. Da Pocken nicht medikamentös behandelt werden können, ist nur eine Impfung als immunisierende Maßnahme möglich. 1807 wurde die Pockenimpfung in Bayern als weltweit erstem Land eingeführt. Im Deutschen Reich wurde sie erst 1867 allgemein verbindlich. Seit 1980 gelten die Pocken laut der Weltgesundheitsorganisation (WHO) als ausgerottet.

Totes Kleinkind

Unbekannt, Joseph Mathias Felix Leckher (1774–1775), Öl auf Leinwand, 65,2 x 84,8 cm, 1775, Stiftung Heimathaus Traunstein, Inv. 632

»A(nno) 1174 den 3 Merzen gebohrn, a(nno) 1775 den 19. Aperill gestorben. Joseph Mathias Felix Leckher, seines alters 1 Jahr und 7 Wochen.«, lautet die Inschrift unter dem aufgebahrten Kinderleichnam. Erinnerungsbilder toter Kleinkinder sind selten. Nur wenige Eltern waren in der Lage einen Maler zu beauftragen. Die Häufigkeit, mit der Kinder bereits im Säuglings- oder Kleinkindalter starben, war sehr hoch und gehörte in vielen Familien zu den wiederkehrenden traurigen Lebenserfahrungen. Erst mit der Erfindung der Fotografie wurden auch häufiger Aufnahmen von verstorbenen Kindern gemacht.

Kinder und Jungfrauen wurden in weißen Kleidern bestattet. In Oberbayern gehörte es zu den verbreiteten Begräbnissitten für verstorbene Kinder, dass der Leichnam am Vorabend des Begräbnisses »von den Jungfrauen und Junggesellen der Nachbarschaft geschmückt mit Rauschgold und Kränzen und einer Königskrone von Wintergrün, mit rothen Bandschleifen und Flittergold geziert« wurde. Die rote Farbe

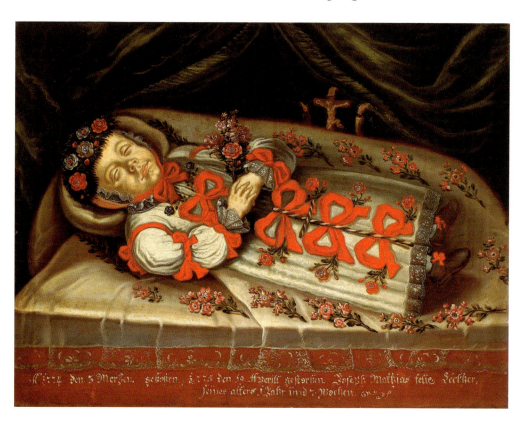

der Schleifen um den Hals des Kindes, auf dem weißen Totenkleidchen und an den Schuhen hat apotropäische Bedeutung. Sie sollte das Kind vor bösen Dämonen schützen. Das Totenkränzchen auf dem Gemälde ist aus bunten Papier- oder Stoffblumen und Rosmarin. Rosmarinzweige liegen auch links und rechts des Kinderköpfchens. Seit der Antike wurde Rosmarin dazu verwendet, den Leichnam eines Verstorbenen zu schmücken und zu bekränzen. Trauergäste trugen Rosmarinzweige als Symbol der Erinnerung an den Verstorbenen.

Zitat: Felix Dahn, Volkssitte, in: Bavaria. Landes- und Volkskunde des Königreichs Bayern, Bd. I/2, München 1860, S. 411.

Ihnen gehört das Reich Gottes

William Dickinson (1746 – 1823),
Punktierstich auf Bütten, 58,9 x 43,4 cm, 1784,
Bezirksmuseum Dachau, Slg. Dachauer Galerien und Museen, Inv. RV 264

Die Darstellung zeigt einen zum Himmel empor fliegenden Engel, der ein Kind im Arm hält. Dieses weitverbreitete Motiv des Seelenengels gibt bildhaft die Vorstellung der auf Gott vertrauenden Menschen wieder, wonach ein verstorbenes Kind direkt in den Himmel eingeht. Damit war für viele Eltern der Trost verbunden, in dem verstorbenen Kind einen Fürsprecher im Himmel zu haben.

Zu Gott!

o. Abb.
Andachtsbildchen nach einem Gemälde von Wilhelm von Kaulbach (1805 – 1874),
Lithographie auf Papier, 8,6 x 5 cm,
handschriftl. datiert: »23. Aug. 1899«
Bezirksmuseum Dachau, Slg. Dachauer Galerien und Museen, Inv. RV 547-I

Der Engel, der die Seele des Verstorbenen in das Paradies geleitet, ist bereits im 12. Jahrhundert ein bekanntes Bildmotiv. Dabei wurde die Seele durch einen verkleinerten nackten Menschen symbolisiert. Dass der Engel ein wirkliches Kind zum Himmel trägt, gibt die allgemein verbreitete Überzeugung des 18. und 19. Jahrhunderts wieder, dass kleine Kinder sofort in den Himmel kommen.
Der von Wilhelm von Kaulbach 1858 entworfene Engel ist eine der populärsten Darstellungen des Kindertods und wurde in unterschiedlichsten Techniken und Größen zu einem der meistreproduzierten Andachtsbilder des 19. und frühen 20. Jahrhunderts.

Lit.: Ulrike Zischka, Blechblumenschmuck und Perlkränze, in: Sigrid Metken (Hg.), Die letzte Reise. Sterben, Tod und Trauersitten in Oberbayern (Ausstellungskatalog des Stadtmuseums München), München 1984, S. 344 f.

Aufgebahrter Kinderleichnam

Abb. S. 70
Frieda Wachtveitl (1920 – 1921), Fotomedaillon auf Porzellan, 7 x 9,8 cm, 1921, Friedhof St. Laurentius Etzenhausen

Die Fotografie zeigt den aufgebahrten Leichnam der knapp neun Monate alten Frieda Wachtveitl. Das Mädchen trägt ein weißes Kleid. Das Köpfchen ist mit einem Kränzchen aus weißen Kunstblumen und Schleifen geschmückt. In den Händen hält es ein kleines Blumensträußchen.

Auf Porzellan fixierte Fotografien von Verstorbenen kamen um 1870 in Gebrauch und waren vor allem im ersten Viertel des 20. Jahrhunderts weit verbreitet. Die durch ein Umdruckverfahren auf das Porzellan kopierten Fotografien waren witterungsbeständig und konnten am Grabstein dauerhaft befestigt werden. Meist zeigen sie ein Porträt des Verstorbenen noch zu Lebzeiten. Aufnahmen auf dem Totenlager wie hier sind die Ausnahme und wurden meist nur von Kleinkindern angefertigt.

Lit.: Sigrid Metken, Grabzubehör und Photomedaillons auf Porzellan, in: Dies. (Hg.), Die letzte Reise. Sterben, Tod und Trauersitten in Oberbayern (Ausstellungskatalog des Stadtmuseums München), München 1984, S. 338 f.

Perlkranz

Abb. S. 71
Grabschmuck aus Glasperlen, Draht und Zelluloid,
68 x 49,5 cm, Walldürn-Hettingen,
2. Hälfte 19. Jahrhundert,
Bezirksmuseum Dachau, Slg. Dachauer Galerien und Museen, Inv. RV 1507

Wie alle Dinge des Alltags unterliegt auch der Grabschmuck der Mode und dem technischen Fortschritt. Wetterbeständigkeit und Haltbarkeit sind grundsätzliche Anforderungen, die an den Grabschmuck gestellt werden. Frische Blumen erfüllten diese Bedingungen nur sehr unzureichend, waren teuer und nur in der warmen Jahreszeit erhältlich. Daher wurde schon früh auf Kunstblumen aus Papier und Textilien zurückgegriffen. Um etwa 1850 traten neben den aus Blechblumen hergestellten Kränze solche aus Draht und Glasperlen. Schwarze Perlkränze schmückten die Grabstätten älterer Verstorbener, weiße und hellblaue Kränze die Kindergräber.

Lit.: Ulrike Zischka, Blechblumenschmuck und Perlkränze, in: Sigrid Metken (Hg.), Die letzte Reise. Sterben, Tod und Trauersitten in Oberbayern (Ausstellungskatalog des Stadtmuseums München), München 1984, S. 339-342.

Aufgebahrter Kinderleichnam, Fotografie auf Porzellan, (siehe S. 69)

Perlkranz, Grabschmuck für ein Kind, 2. Hälfte 20. Jahrhundert, (siehe S. 69)

Aus den Briefen eines Kadetten an seine Mutter:

5. Dezember 1808
»Beste Mutter (...) Wir haben jeder ein wollenes Leibchen bekommen. Diese will ich nun im Winter hindurch tragen und meine andern Unterleibchen auf den Sommer sparen.«

4. Januar 1809
»Teuerste Mutter (...) Ich bitte dich, schicke mir keine Handschuhe von gezupfter Seide, man darf hier keine andern als gelblederne tragen. Ich hätte dieses schon lange geschrieben, allein es ist ein ganz neuer Befehl, sonst durfte man gar keine haben. Ich darf also meine florettseidnen schon nicht tragen, und die andern wären mir auch unnütz.«

25. Mai 1810
»Beste Mutter (...) Ich hätte auch gute Mutter eine Sonntagsweste nötig. Ich habe nur die 2 weißen. Aber laß sie mir ja mit einem hohen Kragen machen, man darf sie jetzt schon tragen; auch einen hübschern Schnitt als die 2 andern nicht bis ganz oben zugeknöpft, wie mein schwarzseidene war.«

Aus: August von Platen, Der Briefwechsel, hrsg. v. Ludwig von Scheffler und Paul Bornstein, Bd. 1, München – Leipzig 1911, S. 41 f und S. 57.

Das Kind zum Vorzeigen – Säuglings- und Kinderkleidung

Tanz, Püppchen, tanz,
Die Schuhe sind noch ganz,
Laß dich's nicht gereue,
Der Schuster macht dir neue. [1]

Mit Fatschenkindl assoziieren wir heute die wächsernen Christkindl, die mancherorts zur Weihnachtszeit aufgestellt werden. Dabei ist die Art und Weise wie das Jesuskind gewickelt ist, eine über Jahrhunderte entstandene Technik des Wickelns. Um 1900 forderte die Ärztin Anna Fischer-Dückelmann mit Nachdruck, dass sich der Säugling bewegen können müsse, wie es ihm, und nicht wie es der Mutter gefalle. »Tausende von hilflosen Kindern sind zu solchem Martyrium verurteilt, weil die Mütter denken, es muß so sein, und man hat es immer so gemacht (…), damit der Säugling besser zu fassen ist, wird er mit breitem Band über Brust und Bauch gewickelt und dadurch in Atmung, Verdauung und Beweglichkeit gehemmt.« [2] Bis in das 20. Jahrhundert hinein fatschten Mütter ihre Kinder. Mittlerweile ist die Kritik differenzierter geworden. Heute gibt es wieder ernstzunehmende Stimmen, die das »Pucken«, wie man das Fatschen heute nennt, nicht mehr grundsätzlich ablehnen.

Steckkissen erfüllten eine ähnliche Funktion wie das Wickelband und wurden mit Schleifen, Quasten und Rüschen verziert, um dem Repräsentationsbedürfnis der Eltern gerecht zu werden.

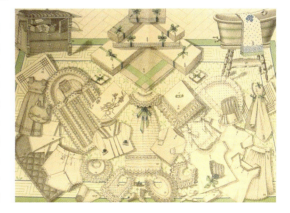

Erstlingsausstattung, Chromolithografie aus einem Ratgeber für junge Mütter (siehe Katalogteil S. 22)

Bis in das 18. Jahrhundert orientierte sich die Kinderkleidung ausschließlich an der Erwachsenenmode. Kinderspezifische Bedürfnisse wurden an Kleidung nicht gestellt. Das Kind war ein verkleinertes Abbild seiner Eltern. Knaben wurden in eng anliegende Kniehosen und Oberteile gezwängt. Mädchen trugen wie ihre Mütter Korsetts und Reifröcke. Das mütterliche

Schönheitsideal und ihre Wertvorstellungen wurden auf die Kinder projiziert. Unter dem Einfluss John Lockes in England und Jean Jacques Rousseaus in Frankreich begann sich gegen Ende des 18. Jahrhunderts die Kinderkleidung von der Erwachsenenmode zu unterscheiden. Nun wurde auch der Bewegungs- und Spieldrang der Kinder berücksichtigt und die Schnitte wurden dementsprechend angepasst. »Die Wahl der Form einer richtigen, zweckmäßigen Kinderkleidung ist gewiß von äußerster Wichtigkeit, weil so viel in der physischen Erziehung unserer Kinder und ihres künftigen Wohls davon abhänge. (...) Es hat zwar das Teuschland seit 15 bis 20 Jahren, nach dem Muster der Engländer, weit vernünftigere Grundsätze über Kinderkleidung angenommen, deren äußere Form auch noch den guten Geschmack verschönern half. Indessen ist doch nicht zu leugnen, dass dieselbe, und sonderlich die Knaben-Kleidung, noch mancher Verbesserung bedürfe.« 3

Eine besondere Entwicklung hatte das Knabenkleid genommen. Nach der Wickelzeit des Säuglings war es notwendig, für den Jungen eine Kleidung zu finden, die hygienisch problemlos, einfach im Schnitt und dabei doch wärmend war. So entwickelte sich das Knabenkleidchen, das sich kaum von dem eines Mädchen unterschied. Die ersten Hosen waren dementsprechend ein Ereignis, das von den Jungen, meist im Alter von vier bis fünf Jahren, herbeigesehnt wurde und meist in der Erinnerung haften blieb.

»Die ersten Hosen«, Holzstich aus dem illustrierten Familienblatt »Die Gartenlaube«, 1897

Um 1830 verkehrten sich viele positive Tendenzen wieder ins Gegenteil. Auf die Befreiung von Schnürleib, Perücke und engen Hosen folgte gegen Ende der Biedermeierzeit, parallel zur restriktiven politischen Entwicklung, eine Epoche erneuter Einengungen und Zwänge. In der bürgerlichen Gesellschaft unterlag die Kinderkleidung in erster Linie wieder dem elterlichen Prestigedenken und Repräsentationsbedürfnis. 4 Mädchen und Jungen wurden erneut »in Form gebracht«. »Man schnürt das Kind. Mit sechs oder sieben Jah-

»Beim Hagn« in Thalmannsdorf. Die beiden älteren Buben tragen bereits Arbeitskleidung, Fotografie um 1930

ren fängt man an. Die Kleine wird in regelrechte Korsetts gesteckt, die lang, oft unbiegsam und so eng sind, dass sie nicht essen und sich nicht bewegen kann.«, heißt es in einer Frauenzeitschrift um 1915. [5] Auch die Werbung unterstützte den Wunsch der Eltern nach Bewunderung, die dem Kind durch ein perfektes Auftreten von der Gesellschaft entgegengebracht wird. »Sollte ihr Kind es weniger gut haben?« heißt es in einer Werbeanzeige für Singer-Nähmaschinen. »Ein gutgekleidetes, anmutiges Kind erfreut sich besonderer Gunst sowohl bei den Erwachsenen wie auch bei seinen kleinen Kameraden.« [6]

Nach 1900 befreite man die Kinder erneut von allzu viel Erwachsenenzwang in der Kleidung. Geblieben sind jedoch die Projektionen der Eltern, die sich unbewusst im Bekleiden ihrer Kinder widerspiegeln. Dabei wird die eigene Kindheit in der Kleidung nachempfunden oder das Kind als jugendlicher Partner den Eltern an die Seite gestellt. Die Kleidung der Kinder auf dem Land oder die der Arbeiterklasse ist verhältnismäßig undifferenziert, folgte eigenen Gesetzen und orientierte sich stärker an den tatsächlichen materiellen Möglichkeiten der Eltern und den Erfordernissen nach Zweckmäßigkeit. Da die Kinder dieser Gesellschaftsschichten bereits sehr jung in die Arbeitswelt der Erwachsenen einbezogen waren, musste auch die Kleidung dementsprechend praktisch sein. Daher gab es keine ausgeprägte Kinderkleidung. Angezogen wurde das, was gerade da war und auch bei der Neuanfertigung von Kinderkleidung griff man auf ausgediente Kleidung der Erwachsenen zurück, die dementsprechend umgearbeitet wurde. Die spezifischen Regionaltrachten, die sich im Verlauf des 19. Jahrhunderts herausbildeten, wurden in reichen Bauernfamilien auch für die Kinder angefertigt. Doch blieben diese Kindertrachten eher die Ausnahme.

Junge im Matrosenanzug, Atelierfotografie um 1920

1
Aus: Heinrich Wolgast, Schöne alte Kinderreime für Mütter und Kinder, Buchschmuck von Josef Mauder, München (Buchverlag der Jugendblätter) o. J. (um 1925), S. 26.

2
Anna Fischer-Dückelmann, Die Frau als Hausärztin. Ein ärztliches Nachschlagebuch für die Frau, Jubiläumsausgabe, Stuttgart 1913. Das Buch war eines der am meisten verbreiteten Gesundheitsbücher seiner Zeit.

3
Journal des Luxus und der Moden, Weimar 1791, S. 571. – Hier zitiert nach: Ingeborg Weber-Kellermann, Der Kinder neue Kleider. Zweihundert Jahre deutsche Kindermoden, Frankfurt a. M. 1985, S. 8f.

4
Ingeborg Weber-Kellermann (wie Anm. 3), S. 8.

5
Anton Mößmer, Verpackt und zugenäht. Elternträume und Kinderkleidung, in: Vater. Mutter. Kind. Bilder und Zeugnisse aus zwei Jahrhunderten (Ausstellungskatalog des Münchner Stadtmusuems), München 1987, S. 166.

6
Ebd., S. 167.

Säuglings- und Kinderkleidung

Säuglingskleidung

o. Abb.
bestehend aus einem Hemdchen, einer Mädchen- und einer Knabenhaube, einem Hauskleidchen (»Manteau de lit«) und einem Tageskleidchen, Baumwolle, Leinen, Wollstoff, um 1780, Reproduktionen nach einer zeitgenössischen Anleitung,
Ann-Dorothee Schlüter, Arts et Metiers, Berlin

Das »Manteau de Lit« ist neben dem Rock das einfachste weibliche Kleidungsstück des 18. Jahrhunderts. Aus Leintuch oder Wollstoff, diente es zusammen mit einem schlichten Rock als Alltags- und Arbeitskleidung des einfachen Volkes. Wie der Name sagt, wurde der »Bettmantel« ursprünglich von der gehobenen Gesellschaft in der Zeit zwischen dem Aufstehen und dem eigentlichen Ankleiden getragen und war meist aus Seide. Der simple T-Schnitt des »Manteau de Lit« eignete sich gut für bequeme Kinderkleidung, da er sehr einfach und schnell zu nähen war. Dagegen ist das Tageskleidchen aus bedruckter Baumwolle etwas aufwändiger gearbeitet und wird am Rücken separat, ursprünglich mit Nadeln, variabel geschlossen.

Säuglingskleidung

o. Abb.
bestehend aus einem Hemdchen, einer Haube, einem seidenen Unterrock, einem wollenen Unterrock an einem Mieder, einem feinen Tageskleid aus Seidenbatist und Spitze sowie einem wollenen Hauskleid, um 1810, Reproduktionen nach einer zeitgenössischen Anleitung,
Ann-Dorothee Schlüter, Arts et Metiers, Berlin

Wickel- oder Fatschenband, 19 Jahrhundert (siehe S. 79)

Die Mode der langen Kinderkleider kam aus England. Die Länge der Kleider hielt die meist nackten Kinderfüße warm. Das Hauskleid weist eine weitere Variante des T-Schnittes auf.

Sechs Fatschenbänder

o. Abb.
a) Lachsfarbener Leinentaft als Trägerstoff, darüber ein ebenso großes Klöppelband, an einer Längsseite mit weißer Klöppelspitze gesäumt, zwei blassrosa Seidenbänder zum Binden, 185 x 15,5 cm, 19. Jahrhundert

o. Abb.
b) Weißes Leinen, an einer Längsseite rotes Seidenband, darüber weiße Klöppelspitze aufgenäht, zwei Baumwollbänder zum Binden, 233 x 19 cm, 18./19. Jahrhundert

c) Weißes Leinen, an einer Längsseite weiße Klöppelspitze und rotes Seidenband appliziert, zwei rote Seidenbänder zum Schließen, 208 x 20,5 cm, 18./19. Jahrhundert

o. Abb.
d) Weißes Leinen, an einer Längsseite weiße Klöppelspitze und breites, hellrotes Seidenband, appliziert, zwei Baumwollbänder zum Binden, 186 x 17,3 cm, 18./19. Jahrhundert

o. Abb.
e) Weißes Leinen, Applikation aus Goldspitze und weinrotem Seidenband an einer Längsseite, zwei rote Seidenbänder zum Binden, 148 x 18 cm, 18./19. Jahrhundert

o. Abb.
f) Weißes Leinen, an einer Längsseite mit einer sehr eng gelegten, weißen Klöppelspitze gesäumt, zwei Baumwollbänder zum Binden, 204 x 17,5 cm, 18./19. Jahrhundert

Bezirksmuseum Dachau, Slg. Museumsverein Dachau, Inv. TR 3102, 3103, 3104, 3105, 3107, 3108

Mit einem Wickel- oder Fatschenband (lat.: »fasces« = Bündel) wurden Windeltuch und Umschlagdecke am Körper des Kindes festgebunden. Seit dem 18. Jahrhundert war es überall in Europa üblich, einen Säugling auf diese Weise zu wickeln. Vermutlich stammt auch unsere heutige Bezeichnung »Windel« von diesem festen Umwickeln des Kindes mit Bändern. Wickelbänder waren für festliche Anlässe wie beispielsweise die Taufe aus besonders feinem Material, mit Seidenbändern und Spitzen verziert oder bestickt.

Im Zeitalter der Aufklärung lehnten so berühmte Philosophen wie der Engländer John Locke (1632–1704) und der Franzose Jean-Jacques Rousseau (1712–1778) dieses feste Einwickeln des Säuglings jedoch als entwicklungshemmend ab. Trotzdem behielt man das gesamte 19. Jahrhundert hindurch, teilweise noch Anfang des 20. Jahrhunderts, besonders in ländlichen Gebieten diese Wickelmethode bei.

Wickeltuch

o. Abb.
Rosafarbener Baumwollbatist, darüber weißer Voile mit eingewebtem Muster, durch aufgenähte rote Seidenbänder und weiße Klöppelspitze in vier Querbahnen unterteilt, zusätzlich mit aufgenähten Schleifen und Keilen aus roten und mittelblauen Bändern verziert, an den Seiten jeweils drei weiße Baumwollbänder zum Binden, Länge: 35,5 cm, Breite I: 23 cm, Breite II: 30 cm, 19. Jahrhundert, Bezirksmuseum Dachau, Slg. Museumsverein Dachau, Inv. TR 3214

War das Kind in schlichte Fatschenbändern gebunden, konnte zur Zierde ein besonders schönes Wickeltuch übergelegt werden. Mit Bändern wurde das Tuch am Rücken des Kindes an drei Stellen zusammengebunden.

Sechs Kinderhäubchen

o. Abb.
a) Dreiteiliger Haubenschnitt aus rotem Seidendamast, wattiert und mit rot-weiß kariertem Baumwollstoff gefüttert, mit weißer Klöppelspitze gesäumt, Applikationen aus Goldspitze und stilisierten Blüten, rote Seidenbänder zum Binden, ca. 12 x 12,5 x 12 cm, 2. Hälfte 18. Jahrhundert

b) Abb. S.79
Dreiteiliger Haubenschnitt aus lachsfarbener Seide, wattiert und mit mehrfarbig bedrucktem Leinenstoff gefüttert, mit flämischer Klöppelspitze gesäumt, Applikationen aus Goldborte und Stickerei mit Goldfäden, Metallblüten und Pailletten (Lebensbaum-Motive), ca. 11,5 x 9,5 x 11 cm, Reste ehemals hellblauer Seidenbänder zum Binden, 2. Hälfte 18. Jahrhundert

c) Dreiteiliger Haubenschnitt aus mehrfarbigem floralen Seidenbrokat mit Gold- und Silberfäden, Innenfutter aus weißem Baumwollstoff, mit weißer Klöppelspitze gesäumt, Applikationen aus blauem Seidenband, Schleife aus dreifarbigem Seidenband am Haubenboden, rote Seidenbänder zum Binden, ca. 13 x 14,5 x 15 cm, 18./19. Jahrhundert

d) Zweiteiliger Haubenschnitt aus weißem Leinen als Ober- und Unterstoff, reiche, flächendeckende Ajour- und Lochstickerei, teilweise mit hellgrauem Faden umstickt, (Lebensbaum- Motiv), Tunnelzug mit Baumwollband (ergänzt) zum Binden, ca. 14 x 14 x 16 cm, 19. Jahrhundert

o. Abb.
e) Dreiteiliger Haubenschnitt aus rotem Seidenbrokat mit Gold- und Silberfäden, mit weißem Leinenstoff gefüttert, reiche Applikation aus weißer Spitze und rotem Seidenband, rote Seidenbänder zum Binden, ca. 10 x 12,5 x 13,5 cm, 18./19. Jahrhundert

o. Abb.
f) Geklöppeltes Häubchen, mit Konturfäden verziert, umsäumt mit plissierter Tüllspitze über einem plissierten, blassblauen Seidenband, an den Seiten Applikation aus blassblauen Seidenrosetten, blassblaue Seidenbänder zum Binden, ca. 10 x 10,5 x 13 cm, Mitte 19. Jahrhundert

Bezirksmuseum Dachau, Slg. Museumsverein Dachau, Inv. TR 1516, TR 1524, TR 1512, TR 1519, TR 1502, TR 1515

Häubchen gehören zur Grundausstattung der Säuglingsbekleidung, da das Köpfchen, dem meist noch ein dichtes Haupthaar fehlt, vor Auskühlung und Verletzungsgefahren besonders sorgfältig geschützt werden muss.

Das Bezirksmuseum Dachau besitzt eine Sammlung an Kinderhäubchen des 18. und 19. Jahrhunderts. Sie zeigt mit welch großer Sorgfalt diese hergestellt und verziert wurden. Hier konnten Mütter und Großmütter ihr ganzes Geschick im Handarbeiten zeigen, da dem Gesicht des Kindes und damit auch dem Häubchen die größte Aufmerksamkeit geschenkt wurde. Bei den Hauben aus Seidendamasten oder -brokaten handelt es sich mit großer Wahrscheinlichkeit um Überhauben, die über einem Leinenhäubchen getragen wurden. Knabenhauben unterscheiden sich durch den so genannten Apfelsinenspaltenschnitt von den »Dreistückhauben«, die vorwiegend von Mädchen getragen wurden.

Fallhut

Baumwollstoff, bedruckt, Durchmesser: 17,5 cm,
Höhe: 15,5 cm, Mitte 18. Jahrhundert, Reproduktion,
Ann-Dorothee Schlüter, Arts et Metiers, Berlin

Der Fallhut war vom 16. bis 19. Jahrhundert ein gängiger Bestandteil der Kleinkinderbekleidung und diente dem Schutz des Kindes bei Stürzen und solange es mit dem Kopf im Gefahrenbereich von scharfkantigem Mobiliar und Türknäufen herumlief.
Er bestand aus einem wulstartigen Kranz aus festem Stoff oder Pelz, der dem Kind um Kopf und Stirn gezogen und unter dem Kinn festgebunden wurde. Zusätzlich mit einer Kappe versehen, ähnelte er einem Sturzhelm. Von den Kindern dürfte das Tragen des Fallhuts als »ungemein lästiger Zwang« (I. Weber-Kellermann) empfunden worden sein. Anderseits war das Tragen einer Haube für ein Kind durch das Vorbild der Erwachsenen, die früher nie ohne eine Kopfbedeckung aus dem Haus gingen, selbstverständlicher.

Lit.: Ingeborg Weber-Kellermann, Die Kindheit. Kleidung und Wohnen. Arbeit und Spiel. Eine Kulturgeschichte, Frankfurt am Main 1989, S. 36f.

Kleinkinderkleidchen mit Gängelband

o. Abb.
Blaudruckstoff, Schürze und Chemise (Unterkleid) aus Leinen, um 1750, Reproduktion,
Ann-Dorothee Schlüter, Arts et Metiers, Berlin

Das Gängelband oder Laufband ist »ein von Garn, Wolle, Seide oder Leder geflochtener Brustbund, so um den Oberleib geschnüret werden kann, hat zwei lange gedoppelte Flügel, und wird den kleinen Kindern um den Leib gemacht, woran man selbige in dem Laufen führen kann.« Auf Kinderporträts des 17. Jahrhunderts sind ebenfalls Stoffbänder zu sehen, die nahe des Ärmelansatzes am Rücken der Kinderkleidung befestigt sind und wohl ebenfalls als Gängelbänder dienten.
Zusammen mit dem Fallhut war das Gängelband Zeichen des Kleinkindalters. Sie bewahrten das Kind nicht nur vor mancherlei Verletzungen, sondern entlasteten auch die Eltern, Ammen und Gouvernanten, wenn es darum ging, das Kind beim Laufen lernen zu stützen oder aufzuheben, da man sich korsettiert nur schwer bücken konnte.

Zitat: Amaranthes (d.i. Gottlieb Siegmund Corvinus), Nutzbares, galantes und curiöses Frauenzimmer-Lexikon, Leipzig 1715, S. 1135f. – Zitiert nach:
http://diglib.hab.de/wdb.php?dir=drucke/ae-12.
Lit.: Ingeborg Weber-Kellermann, Die Kindheit. Kleidung und Wohnen. Arbeit und Spiel. Eine Kulturgeschichte, Frankfurt am Main 1989, S. 34-37.

Kleinkinderkleidchen

o. Abb.
Weißer Musselin mit blauem Webmuster,
um 1780, Reproduktion,
Ann-Dorothee Schlüter, Arts et Metiers, Berlin

Dieses Kleidchen ist eine weitere Variante des T-Schnitts. Das Original des Kleides befindet sich in der Colonial Williamsburgh Collection. Insgesamt erinnert es an die als »Chemise de la reine« bekannten Kleider der Damenmode der Zeit.

Bildnis eines Kleinkindes

Abb. S. 82
Anonym, Mathias von Jenisch (1769 – 1771),
Öl auf Leinwand, 73,5 x 59,5 cm, 1771,
Rupert-Gabler-Stiftung Obergünzburg

In Herrscherfamilien und Adelskreisen war es üblich, bereits von Kindern im Kleinkindalter Bildnisse anfertigen zu lassen. Doch galt diese Aufmerksamkeit meist nur den Erstgeborenen und unmittelbaren Erben. Mathias von Jenisch entstammte einer mittelschwäbischen Patrizierfamilie, die durch den Leinenhandel nach Italien zu Vermögen gekommen war und das Rittergut Lauberszell bei Kempten besaß. Der zweijährige Knabe trägt ein seidenes Brokathäubchen über einer spitzenverzierten Leinenhaube und ein langes Knabenkleidchen wie es für Kleinkinder damals üblich war. Dass es sich bei dem Bildnis um das eines Knaben handelt, zeigt die Peitsche in seiner Hand. Neben ihm steht ein hölzernes Ziehpferdchen auf Rädern. Mathias von Jenisch starb im Alter von zwei Jahren. So wurde dieses Gemälde wohl zur Erinnerung an den verstorbenen Sohn in Auftrag gegeben.
Ein Kleidchen in dieser Form wurde nur von Jungen getragen. Der hochgeschlossene Schnitt, die langen Ärmel mit den Aufschlägen, die Metallborten, die an Militäruniformen erinnern, und die eher dem Männerhemd entsprechende Form der Unterbekleidung weisen deutliche Anleihen an die Männerkleidung auf.

Kinderkleid mit »Panier«

Abb. S. 84
Langes zweiteiliges Kleid aus lachsfarbenem Viskosetaft mit Reifrock, Chemise mit Rüschen aus Leinenstoff,
um 1735, Reproduktion,
Ann-Dorothee Schlüter, Arts et Metiers, Berlin

Auf dem Gemälde »La Toilette du matin« (1741) von Jean-Baptist Chardin (1699 – 1779) trägt das Mädchen ein eben solches bodenlanges Kleid mit einem Reifrock.
Um 1715 kam zunächst in Frankreich und dann im übrigen Europa erneut der Reifrock in Mode. Durch seine Ähnlichkeit mit den damals auf den Märkten verwendeten Hühnerkörben, nannte man ihn »Panier« (frz. Korb). Um 1730 flachte das »Panier« vorne und hinten ab und erhielt eine querovale Form. Paniers des 18. Jahrhunderts wurden aus Wachstuch oder Leder gefertigt und mit Weidenruten ausgestattet. Später verwendete man Holz- oder Fischbeinreifen, die in einem Tunnel eingezogen oder mit Bändern befestigt wurden. Tatsächlich existieren Bildquellen, die solche Kleider auch noch für Knaben belegen.

Chemisenkleidchen mit Schärpe

o. Abb.
Mieder mit angeknöpftem Rock aus Halbleinen und kurzärmeliges Chemise, Schärpe aus Seide, um 1810,
Reproduktion,
Ann-Dorothee Schlüter, Arts et Metiers, Berlin

Die von Jean-Jacques Rousseau postulierte Rückkehr zur Natur revolutionierte auch die Kleidung. Perücke, Korsett und Reifrock wurden verbannt. Auch die Mädchen waren nun von der geschnürten Taille befreit. Um 1780 griff man in der englischen Kindermode auf Vorbilder aus der Antike zurück. Der Tunika und dem Chiton ähnlich, trugen zuerst die Mädchen, wenig später auch die Frauen nun lose herabfallende Kleider mit einer bis unter die Brust hochgezogenen engen Taille. Als Stoff fand vor allem hauchdünner transparenter Musselin Verwendung, weshalb die Kleider als Chemisenkleider bezeichnet wurden, ähnelten sie doch mehr dem Chemise (frz. Hemd), dem unter dem eigentlichen Kleid getragenen langen Unterhemd. Nach dem Vorbild der antiken Stola wurde der Schal zum wichtigsten Accessoire, das kunstvoll um Schulter und Taille drapiert wurde.

Mädchenrock mit »Caraco« und Holzschuhen

o. Abb.
Rock und Jacke aus Wolltuch, Holzschuhe,
2. Hälfte 18. Jahrhundert, Reproduktion,
Ann-Dorothee Schlüter, Arts et Metiers, Berlin

Als »Caracos« bezeichnet man Frauenjacken. Sie wurden zunächst nur von den unteren Bevölkerungsschichten, vor allem der Arbeiterklasse, getragen. Um 1760 setzte eine Übernahme durch die Oberschicht als informelle Alltagskleidung ein. Je nach Geschmack der Zeit waren diese Jacken entweder rundherum Oberschenkel bis Knie lang geschnitten oder vorne kurz und hinten länger, bzw. mit einem Schößchen versehen. Holzschuhe waren die Fußbekleidung des einfachen Volkes.

Mädchenkleid mit Puffärmeln

o. Abb.
Karierter Baumwollstoff in Blau, Türkis und Rose mit breitem Ausschnitt und weitem Rock, um 1845, Ann-Dorothee Schlüter, Arts et Metiers, Berlin

Kleidchen dieser Art wurden über einem weichen Mieder und einer ganzen Anzahl gestärkter Unterröcke getragen, die dem Rock das nötige Volumen verliehen.

Schürzenkleid

o. Abb.
Cremefarbenes Leinen mit schwarzer Kurbelstickerei in Imitation einer Zuaven-Jacke, um 1870, Ann-Dorothee Schlüter, Arts et Metiers, Berlin

Hatten Uniformen in Adelskreisen seit jeher besondere Vorbildfunktion in der Gestaltung der Kinder-, vor allem der Knabenkleidung, eiferte das gehobene Bürgertum dieser Mode umso mehr nach. »Zuaven-Jäckchen waren die beliebtesten, entweder von Samt oder Tuch oder auch von dem gleichen Stoff wie das Kleid«, erinnert sich die Schriftstellerin Louise Otto.
Stammesangehörige aus dem Distrikt Zuavia in Algerien waren wegen ihrer Tapferkeit berühmte Krieger, die schon unter osmanischer Herrschaft als Söldner dienten. Ihre Uniformen aus weiten Pluderhosen und bunt bestickten Jacken ähneln daher den türkisch-orientalischen Trachten. Ab 1830 unterhielt die Kolonialmacht Frankreich in Afrika eine eigene Zuaven-Truppe, die sich zu einer Eliteeinheit entwickelte und auch in Europa Bewunderung hervorrief. Ihre Uniformjacken fanden Eingang in die europäische Mode, bis in die Kinderkleidung hinein. Aus diesem Grund liegt auch die Vermutung nahe, dass es sich um ein Schürzenkleidchen für einen Knaben handelt.

Zitat: Louise Otto, Frauenleben im deutschen Reich. Erinnerungen aus der Vergangenheit mit Hinweis auf Gegenwart und Zukunft, Leipzig 1876, S. 90. – Zitiert nach: Ingeborg Weber-Kellermann, Der Kinder neue Kleider. Zweihundert Jahre deutsche Kindermoden, Frankfurt am Main 1985, S. 63.

Skeletonsuit

o. Abb.
Zweiteiliger Knabenanzug mit französischen Militärknöpfen, Stehkragen und farbig abgesetzten Ärmelpatten, um 1810, Reproduktion,
Ann-Dorothee Schlüter, Arts et Metiers, Berlin

Gegen Ende des 18. Jahrhunderts machten sich insofern neue Tendenzen in der Kinderkleidung bemerkbar, als sie allmählich kindgerechter wurden. Der aus England kommende Skeleton gilt als erste, speziell für Knaben angefertigte Kindermode und war zwischen 1780 und 1830 in bürgerlichen Kreisen sehr populär. Er besteht aus einer eng anliegenden kurz- oder langärmeligen Jacke oder einem Mantel und sowie einer weiten, am Oberteil angeknöpften, hochtaillierten Hose. Unter der Jacke wurde in der Regel ein mit Rüschen besetztes weißes Hemd getragen.

Lit: Ingeborg Weber-Kellermann, Der Kinder neue Kleider. Zweihundert Jahre deutsche Kindermoden, Frankfurt am Main 1985, S. 25 f.

Knabenanzug für einen Säugling

o. Abb.
Zweiteilig, aus roter Baumwolle mit weißer Kurbelstickerei, Innenfutter aus kariertem Baumwollstoff, Metallknöpfe, um 1860,
Ann-Dorothee Schlüter, Arts et Metiers, Berlin

Der mit viel Liebe zum Detail hergestellte kleine Knabenanzug weist an Hand des nicht logisch konstruierten Hosenschnitts und des auf einer Seite verkehrtherum eingenähten Futterstoffs auf eine ungeübte, aber hochmotivierte Schneiderin hin.
Die Hose wurde an einem darunter getragenen Mieder festgeknöpft, das allerdings nicht überliefert ist. Der Knabenanzug war für ein etwa halbjähriges Kind bestimmt.

Matrosenanzug

o. Abb.
Dreiteilig, aus dunkelblauem Samt mit schwarzem Matrosenkragen aus Taft, schwarzen Taftmanschetten und weißem Leibchen aus Baumwolle, um 1900,
Ann-Dorothee Schlüter, Arts et Metiers, Berlin

Das eingenähte Firmenschild weist auf einen Herrenschneider aus New York hin. Um 1830 wurden Elemente der Matrosenuniform in die Knabenkleidung übernommen. Vor allem der breite, am Rücken rechteckige Kragen des Matrosenkittels wurde zum wichtigsten Detail. Die festgenähte Krawatte entstand aus dem Halstuch der Matrosen. Mitte des 19. Jahrhunderts war der Matrosenanzug schließlich die typische Knabenkleidung des Bürgertums. Auch Mädchen trugen Matrosenblusen, allerdings statt der Anzughose einen Faltenrock.

Lit.: Ingeborg Weber-Kellermann, Exkurs: Der Matrosenanzug, in: Dies., Der Kinder neue Kleider. Zweihundert Jahre deutsche Kindermoden, Frankfurt am Main 1985, S. 104-119.

Schnürstiefelchen

Schwarzes Leder, geschnürt mit Ösen und Haken, Sohle und Absatz genagelt, Eisen an der Sohlenspitze, Länge: 20,5, um 1910,
Bezirksmuseum Dachau, Sgl. Dachauer Galerien und Museen, Inv. TR 5005

Schuhe waren teuer und Kinderfüße wuchsen viel zu schnell. Daher waren Kinder aus dem einfachen Volk auch daran zu erkennen, dass sie im Sommer barfuß liefen. Wirkliche Armut zeigte sich häufig am gänzlichen Fehlen von Schuhen. »Und barfuß (laufen) mussten wir immer bis spät in den Herbst, bis die Fenster befroren oder der erste Schnee kam und die Mutter bei irgend einem alten Dorfgenossen erwirkte, dass uns der ein paar Holzpantoffeln machte, (...).«
Andererseits galt es als Zeichen von Wohlstand und Standesbewusstsein den Kindern das Barfußlaufen sogar zu verbieten. »Die Eltern hatten immer so viel, dass wir Kinder anständig gekleidet waren, und hielten mit Stolz

darauf, dass wir nicht in Holzpantoffeln, sondern in Lederstiefeln zur Schule gingen.«

Zitat: Adolf Levenstein (Hg.), Proletariers Jugendjahre, Berlin o. J., S. 26. – Zitat: Gustav Frenssen, Lebensbericht, Berlin 1940, S. 25. – Beide zitiert nach: Ingeborg Weber-Kellermann, Der Kinder neue Kleider. Zweihundert Jahre deutsche Kindermoden, Frankfurt am Main 1985, S. 143.

Mädchenkleid

Wollstoff, Futterstoff aus Baumwolle und Leinen, Baumwollspitze, Porzellanknöpfe, um 1918, Bezirksmuseum Dachau, Slg. Dachauer Galerien und Museen, Inv. TR 5007

Dieses von Hand genähte Kleinkinderkleidchen wurde von der Mutter des Mädchens aufbewahrt, nachdem das Kind im Alter von drei Jahren ertrunken war. Welch große Bedeutung dieses Kleidchen als Erinnerungsstück für die Mutter wohl hatte, lässt sich daraus schließen, dass es der einzige Gegenstand aus dem Besitz dieses Kindes war, der beim Tod der Mutter in deren Nachlass gefunden wurde.

Kinderarbeitsschürze, »Schaber«

o. Abb.
Schwerer Leinenstoff, Lederriemen, um 1935, Privatbesitz

Die Arbeitsschürze wurde für eine kleineres Kind nachträglich am Saum aufgenäht. Dies zeigt, dass auch sehr junge Kinder bereits bei der alltäglichen Arbeit in Haus, Garten Stall und auf dem Feld mithelfen mussten. Ein ähnlicher »Schaber« ist auf der Fotografie von S. 75 zu sehen.

Kinderhemd

o. Abb.
Langes Hemd mit Viertelarm und Riegel, Baumwollköper, textilbezogene Metallknöpfe, um 1920, Bezirksmuseum Dachau, Slg. Dachauer Galerien und Museen, Inv. TR 5001

Das lange, bis auf die Waden reichende Hemd war die übliche Kleinkinderkleidung in der einfachen Bevölkerung. Es wurde auch als Nachthemd verwendet.
»Hemad-Lenz« ist ein neckender Anruf, wenn dem Kind das Hemd aus der Hose hing. Der Spott zielt darauf ab, das nun größer gewordene Kind wieder in das Alter zurück zu versetzen, als es lediglich mit einem langen Hemd bekleidet herumlief.

Knabenjacke

o. Abb.
Blau-schwarzes Vichy-Karo, anthrazitgrau gefüttert, mit Pattentaschen, um 1960, Bezirksmuseum Dachau, Slg. Dachauer Galerien und Museen, Inv. TR 5006

Um die Mitte des 19. Jahrhunderts kamen die ersten Nähmaschinen auf den Markt, die das Nähen sehr erleichterten und beschleunigten. Trotzdem wurde auch weiterhin noch viel mit der Hand genäht, da die Anschaffung einer Nähmaschine teuer war.
In der ärmeren Bevölkerung musste die Joppe oder Jacke in der kalten Jahreszeit auch den

Mantel ersetzen. Kindermäntel wurden als Luxus angesehen und gehörten noch im 20. Jahrhundert nur in wohlhabenderen Familien zur Kinderausstattung.

Lit.: Ingeborg Weber-Kellermann, Der Kinder neue Kleider. Zweihundert Jahre deutsche Kindermoden, Frankfurt am Main 1985.

Ministrantenkleidung

Abb. S. 87
Dreiteilig, Unterkleid und Kragen aus rotem Leinen, Chorhemd aus weißem Baumwollbatist mit Spitzenbesatz, um 1950,
Bezirksmuseum Dachau, Slg. Dachauer Galerien und Museen, Inv. TR 5008

Ob Schule, Pfadfinder oder Sportverein, wie bei den Erwachsenen gibt es auch bei den Kindern spezifische Uniformen, die deren Zugehörigkeit zu einer bestimmten Gruppe oder Institution charakterisieren. So waren die Kinder in den Münchner Waisenhäusern des 18. Jahrhunderts durch die Farbe ihrer Westen und Hosen den einzelnen Einrichtungen zugeordnet.

Um 1950 nähte eine Mutter für ihren kleinen Sohn dieses Messdienergewand. Anlass war die alljährliche Fronleichnamsprozession, an der der Dreijährige als Ministrant teilnehmen durfte. Das Ministrantenkleid vermittelt die Zugehörigkeit der Eltern und damit des Kindes zur christlichen Glaubensgemeinschaft, in der das Kind bereits eine Aufgabe übernommen hat.

Kindergehstock

Silber, Holzstock (erneuert), Länge: 50 cm,
19. Jahrhundert,
Bezirksmuseum Dachau, Slg. Dachauer Galerien und Museen, Inv. TR 4310

Nicht nur in Bezug auf die Kleidung, auch im Umgang mit dazugehörigen Accessoires eifert die Kindermode der Welt der Erwachsenen nach. Zum Anzug trug auch der ganz junge Mann bereits einen Spazierstock. Als weitere Möglichkeit muss in Betracht gezogen werden, dass es sich bei dem Stock um eine Gehhilfe für einen verkrüppelten Jungen aus wohlhabendem Haus handelte.

»Ich weiß nicht mehr, bin ich noch im ersten Schuljahr gewesen oder schon im zweiten. Ich spielte gerade mit meiner Puppe – vielleicht sollte ich was tun und bin nicht gleich gegangen –, da beschimpfte mich die Mutter (eigentlich die Stiefmutter von Maria Hartl, Anm. d. Verf.) auf einmal sehr, riß mir meine Puppe aus der Hand und steckte sie mir vor meinen Augen in den Ofen. Es war gerade eingeheizt, und im Nu stand mein Liebling in Flammen. Ich schrie herzzerreißend, da packte sie mich, riß die Kellertür auf und stieß mich die Treppe hinunter in den Keller. Das Loch an meiner Stirn, das ich mir zuzog, blutete sehr. Sie ließ mich drunten, bis ich nicht mehr schreien konnte, das berührte sie aber gar nicht. Mein Bruder machte mir endlich die Kellertür auf. Als die Mutter sah, dass ich voller Blut war, hat sie mich dann doch abgewaschen. Ich sagte zu ihr, dass ich das dem Vater sage, aber da wurde sie wieder sehr böse und schrie, wenn ich das tue, dann erschlägt sie mich noch. Dem Vater log ich dann vor, dass ich hingefallen sei. Mein Bruder Markus durfte auch nichts sagen, und auch ihre zwei Mädel fürchteten sich vor ihr.«

Aus: Maria Hartl, Häuslerleut, München 1986, S. 19.

Das spielende Kind – Spielzeug und Kindermöbel

Das ist der Daumen,
Der schüttelt die Pflaumen,
Der sammelt sie auf,
Der trägt sie hinein,
Und der kleine Schelm ißt sie ganz allein. [1]

Spielen ist das älteste bekannte Kulturphänomen überhaupt. Es ist älter als Sprache, Schrift und Kunst und von zentraler Bedeutung für die Entwicklung des Kindes wie des Menschen überhaupt. Die entscheidenden ersten zehn Lebensjahre verbringt eigentlich jeder Mensch überwiegend spielend.

Die Auseinandersetzungen der Philosophen und Ärzte, der Pädagogen und Eltern um die Bedeutung des Spiels für das Kind und das richtige Spielzeug währt seit Jahrhunderten und ist abhängig von den jeweiligen gesellschaftlichen, politischen und kulturellen Strömungen ihrer Zeit.

Kinder aus wohlhabenden Familien oder Adelskreisen wurden oft mit besonders kunstvollen Spielsachen beschenkt. Ob ihnen beim Spiel mit diesen Kostbarkeiten derselbe Freiraum eingeräumt wurde, wie dem einfachen Handwerker- oder Arbeiterkind, das vielleicht nur eine Stoffpuppe aus Lappen oder ein paar Holzklötzchen hatte, darf bezweifelt werden.

Spielzeug war in gewisser Weise immer Luxus. Dementsprechend vorsichtig hatte das Kind damit umzugehen. Mit wertvollen Puppen aus Porzellan durften manche Mädchen gar nicht spielen. Ihre Funktion bestand vor allem darin, dem Mädchen als Spiegel der eigenen Sozialisierung zu dienen.

Manchem Spielzeug ist der erzieherische Gedanke und belehrende Impetus schon auf den ersten Blick anzusehen. In der Ausstellung werden daher gerade Spiel-

Bub spielt Skifahrer, Fotografie um 1945

Johann Michael Voltz, »Die Spielstube«, kolorierter Kupferstich, Nürnberg um 1825

sachen gezeigt, die der Vorbereitung des Kindes auf einen möglichen späteren Beruf dienen, wie das Spiel- und Lehrgeschirr der Dachauer Gastwirtstochter Maria Katharina Groll aus der Mitte des 18. Jahrhunderts oder der Spielaltar des kleinen Hans Rauffer.

Unter den Fieranten und Händlern auf den mehrmals im Jahr stattfindenden Dachauer Jahrmärkten waren stets auch Spielwarenhändler vertreten. Die lukrativste Zeit für den Spielwarenhandel waren sicher die Wochen vor Weihnachten. Auf dem Dachauer Adventsmarkt im Jahr 1832 boten deshalb gleich vier Spielwarenhändler, darunter zwei Frauen, ihre Ware an. Sie kamen aus Diemantstein auf der Schwäbischen Alb.

Vor der Auslage eines Münchner Spielwarengeschäfts, Fotografie um 1934

»Außer den Schulfibeln, Lesebüchern und Laudaten der Kinder, den Gebetbüchern und Heiligenlegenden der Eltern suchte man damals vergeblich in den Häusern nach anderen literarischen Produkten. Die Standard-Lieblingsbücher »Robinson Crusoe« für Buben und Johanna Spyris »Heidi« für Mädchen waren beliebte Weihnachtsgeschenke der Tauf- und Firmpaten für ihre Patenkinder.« [2]

Buben spielen
»Rennauto fahren«,
Fotografie um 1932

Kinder beim Spielen
mit Sand und Dreck,
Fotografie um 1940

1
Aus: Heinrich Wolgast, Schöne alte
Kinderreime für Mütter und Kinder,
Buchschmuck von Josef Mauder, München (Buchverlag der Jugendblätter) o. J.
(um 1925), S. 12.

2
Zitiert aus: Martin Meier, Das war
Armut. Erinnerungen aus der »guten«
alten Zeit. Landleben in den 20er und
30er Jahren, Dießen a. Ammersee 1995,
1. Band, S. 100.

Spielzeug und Kindermöbel

Schöne alte Kinderreime für Mütter und Kinder

o. Abb.
hrsg. von Heinrich Wolgast, Buchschmuck von Josef Mauder, München (Buchverlag der Jugendblätter)
o. J. (um 1925),
Privatbesitz

»Die Mutter, die mit ihren Kindern diese Reime spricht oder singt, bereitet nicht nur ihren Kleinen eine schöne Freude, sondern sie macht zugleich ihre Herzen geschickt, später die Schöpfungen unserer großen Dichter nachzufühlen und daraus edelsten Lebensgenuß zu gewinnen.« (Aus dem »Vorwort an die Mütter«). Der Volksschullehrer Heinrich Wolgast (1860–1920) gilt zusammen mit dem Kunsthistoriker und -pädagogen Alfred Lichtwark (1852–1914) als Mitbegründer der »Jugendschriftenbewegung«, die ab 1885 für literarisch und künstlerisch wertvolle Kinderliteratur eintrat. Wolgast lehnte sowohl alle politischen als auch moralischen Tendenzen in der Kinder- und Jugendliteratur ab und kritisierte die ausschließlich der Unterhaltung dienende triviale Massenliteratur. Damit löste er zu Beginn des 20. Jahrhunderts eine Debatte über Schund-literatur aus.
Die Sammlung alter Kinder- und Neckreime, Kinderpredigten und Tier- und Wetterlieder erschien in der Erstausgabe 1903 im Eigenverlag in Hamburg.

Lit.: Heinrich Wolgast, Das Elend unserer Jugendliteratur. Ein Beitrag zur künstlerischen Erziehung der Jugend, hrsg. v. Elisabeth Arndt-Wolgast und Walter Flacke, Worms 1950. – Das Buch erschien erstmals 1896 und in verschiedenen Bearbeitungen 1899, 1905 und 1910.

»Die fleissige Puppenschneiderin« und eine Nähmaschine (beide, siehe S. 95)

Figürliches aus »Batz«

Lehmerde, ungebrannt, Stein, Moos und Ästchen, Igel:
Höhe: 9 cm und Fressplatz mit Igel: 11, 5 x 6,5 x 6 cm,
1998 von einer Vierjährigen geformt,
Privatbesitz

Erde und Wasser, aus denen man »Batz« anrühren konnte, kleine Ästchen, Steine, und Federn…. Die Natur bot den Kindern zu allen Zeiten unerschöpfliche Möglichkeiten ihre Phantasie gestalterisch auszuleben. Es sei denn, das bürgerliche Erziehungsideal und seine Vorstellung von Reinlichkeit verwehrte es ihnen. Auch wenn diese Vorbehalte gegen das Spielen mit Dreck bei Pädagogen und Eltern wieder verschwunden sind, bleibt der Umgang mit den alltäglichen Dingen in der Natur vielen Kindern heute aus anderen Gründen verwehrt.

Lehrspielzeug
der Maria Katharina Groll

o. Abb.
39 Zinnteller in unterschiedlicher Größe, gemarkt, monogrammiert und datiert: »17 S.Ö. 48«, 36-teiliges Kupfergeschirr, teilweise verzinnt, monogrammiert und datiert: »17 S.Ö. 46« und 8-teiliges Messinggeschirr, das ursprünglich wohl nicht aus dem Besitz der Susanne Öfele stammt,

Bezirksmuseum Dachau, Slg. Musuemsverein Dachau, Inv. MO 26 bis 46.

Die Dachauer Plantschenbräuin und Gastgebin Susanne Öfele ließ in den Jahren 1746 und 1748 für ihre 1741 geborene Enkeltochter Maria Katharina Groll ein umfangreiches und aufwändig gefertigtes Lehr- und Spielgeschirr aus Zinn und Kupfer anfertigen. Die Zinnteller stammen aus der Werkstatt von Abraham Steißlinger in Augsburg. Die Kupferteile wurden wohl in der Werkstatt Rosina Prandthubers in Dachau gefertigt. Das auf den Tellern, Pfannen und Töpfen eingravierte Monogramm »S.Ö.« weist auf die Auftraggeberin (Susanne Öfele) hin.
Die Enkeltochter sollte damit auf spielerische Weise die Führung einer Gasthausküche erlernen. Vermutlich 1783 erwarb der Gänsstallerbräu Joseph Benedikt Schmetterer das Geschirr für seine achtjährige Tochter Maria Theresia. Durch Einheirat ihrer Enkelin kam das Geschirr um 1820 in den Besitz der Gastwirtsfamilie Ziegler.

Lit.: Ingeborg Rüffelmacher, Ehrsames Handwerk, (= Kulturgeschichte des Dachauer Landes 5), Dachau 1992, S. 84f, und Eva Gerum, Lehr- und Spielzeuggeschirr, in: Geschichte der Frauen in Bayern. Von der Völkerwanderung bis heute (Ausstellungskatalog des Hauses der Bayerischen Geschichte), Augsburg 1998, S. 228f.

Spielaltar, um 1900 (siehe S. 96)

Nähmaschine

Abb. S. 93
Fa. Friedrich Wilhelm Müller Berlin, Stanzblech,
schwarz lackiert und mit bunten Abziehbildern dekoriert,
16,5 x 17,5 x 9,5 cm, um 1930,
Bezirksmuseum Dachau, Slg. Dachauer Galerien
und Museen, Inv. MG 21-03

Mit Nähmaschinen in kindgerechter Größe sollten die Mädchen sehr früh an typisch weibliche Haus- und Handarbeit herangeführt werden. Dazu zählte auch das Nähen, das im 20. Jahrhundert nicht mehr ausnahmslos mit der Hand, sondern mit Hilfe einer modernen Nähmaschine erfolgte. Diese Kindernähmaschine des Modells Nr. 5 wurde zwischen 1918 und 1945 in riesigen Stückzahlen gefertigt. Sie war zwar hübsch anzusehen, aber wegen ihres geringen Gewichts schwer zu bedienen.

Nähmaschine

o. Abb.
Fa. Singer AG Wittenberge, Gusseisen, schwarz lackiert,
mit grünem Filz belegter Standfuß, 18 x 17,5 x 9,2 cm,
um 1930,
Bezirksmuseum Dachau, Slg. Dachauer Galerien
und Museen, Inv. MG 21-04

Die Fa. Singer stellt seit 1910 auch Kindernähmaschinen her. Die Nähmaschine Nr. 20 ist die einzige wirklich funktionstüchtige Nähmaschine für Kinder, die Singer je hergestellt hat. Sie wurde in Amerika und im deutschen Werk Wittenberge produziert.

»Die fleissige Puppenschneiderin«

Abb. S. 93
Anleitung und Muster zur Bekleidung einer Puppe,
von Julie Putz, Stuttgart (Verlag Gustav Weise) o. J.
(um 1910),
Privatbesitz

»Möge es euch nicht nur ein angenehmer Zeitvertreib für müßige Stunden und eine Übung dessen, was ihr bisher in den Arbeitsstunden gelernt, sondern auch eine Belehrung und Vorbereitung für später werden.« Diese wenigen Zeilen aus dem Vorwort verdeutlichen bereits die erzieherischen Absichten, die im Vordergrund derartiger Kinderbuch-Veröffentlichungen standen.

Anker-Steinbaukasten, um 1920 (siehe S. 95)

Bügeleisen

o. Abb.
Eisenblock, gedrechselter Holzgriff, 9,3 x 5,2 x 6,2 cm,
1. Hälfte 20. Jahrhundert,
Bezirksmuseum Dachau, Slg. Dachauer Galerien
und Museen, Inv. MO 21-07

Mit Hilfe dieses kleinen funktionsfähigen Bügeleisens konnte das Mädchen die Kleider seiner Puppen bügeln und so auf spielerische Weise das Bügeln erlernen. Beim Taschentücher bügeln, das bei den Kindern sehr beliebt war, konnte das Mädchen der Mutter schon helfen.

Spielaltar

Abb. S. 94
Mit drehbarem Tabernakel, folienbezogene Spanplatte,
eingeklebter Farbdruck, 36 (geöffnet: 50) x 36 x 67,5 cm,
um 1900,
Bezirksmuseum Dachau, Slg. Dachauer Galerien
und Museen, Inv. MG 21-18

Aus einem Dachauer Bürgerhaushalt stammt dieser Spielaltar, an dem zwei Generationen von Buben mit einer kleinen Puppe im Priesterornat und Rauchmantel den Ablauf einer heiligen Messe nachgespielt haben. Spielaltäre waren früher ein weit verbreitetes Spielzeug, das den Knaben zum Priesterberuf hinführen sollte. Das reiche Zubehör aus Zinn stammt wohl aus der noch heute bestehenden Zinngießerei Schweitzer in Dießen am Ammersee. Die eigentlichen Zentren für Zinnfiguren in Deutschland allerdings lagen in Nürnberg und Fürth.

Anker-Steinbaukasten

Abb. S. 95
der Fa. Friedrich, Adolf Richter & Cie. AG in Rudolstadt,
weiße, blaue und ziegelrote Steinmasse, Holzkistchen
mit Schuber, div. Baupläne, um 1920,
Privatbesitz

Der Anker-Steinbaukasten ist ein weltbekannter Klassiker unter den frühen deutschen Kinderspielzeugen. Der Unternehmer Friedrich Adolf Richter übernahm die Idee von den Luftfahrtpionieren und Erfindern Otto und Gustav Lilienthal und produzierte die Bausteine ab 1882 in Rudolstadt. Richter war k. u. k. Hoflieferant des österreichischen Kaisers und weiterer europäischer Fürstenhöfe. So gelangten die Baukästen in die vornehmsten Kinderzimmer. 1962 musste die Produktion eingestellt werden, da mit dem Lego-Baustein, einem leichten Kunststoffstein mit Noppen, ein unzerbrechliches Spielzeug auf den Markt gekommen war, das den Anker-Bausteinen den Rang ablief.
Die Anker-Bausteine wurden aus Sand, Schlämmkreide und Leinöl gepresst und gebacken. In den drei Farben rot, weiß und blau

Ziehwägelchen

Holz, Zink, 44 x 52 x 43,5 cm,
1. Hälfte 20. Jahrhundert
Bezirksmuseum Dachau, Slg. Dachauer Galerien
und Museen, Inv. MG 21-01

Das Ziehwägelchen ist mit zwei Fässern ausgestattet und stellt einen Bierwagen dar. Durch die Bewegung beim Ziehen schlägt ein kleiner Klöppel an die zwei seitlich angebrachten Schellen und erzeugt einen Klingelton. Zum Wägelchen gehörte auch eine kleine Milchkanne aus Aluminium.

entsprechen sie den drei Baumaterialien Ziegelstein, Sandstein und Schiefer. Die Bausteine haben eine glatte Oberfläche, liegen schwer in der Hand und kommen ohne Noppen oder Verklebung aus. Die Standfestigkeit der Gebäude basiert allein auf der Statik.
1995 wurde die Produktion durch die Anker Steinbaukasten GmbH wieder aufgenommen.

Vierspännige Postkutsche

Pferde und Kutsche aus Holz, bemalt, Eisenräder,
Länge: ca. 110 cm, um 1925,
Bezirksmuseum Dachau, Slg. Dachauer Galerien
und Museen, Inv. MG 21-06

Ziehspielzeug gehört zum ersten Spielzeug, das Kleinkindern an die Hand gegeben wird. Gerade können sie selbst laufen, haben sie ihre Freude daran, alles mögliche wie Hunde, Katzen, Pferdchen oder Wägelchen hinter sich herzuziehen:.
Diese große vierspännige Postkutsche stammt aus der Künstlerfamilie Wilhelm Neuhäuser in Dachau. Ein Onkel fertigte das Spielzeug für seinen Neffen Armin an. Anspanngeschirr und Deichsel sind nicht erhalten. Armin fiel als junger Soldat im Ersten Weltkrieg.

»Plattl schutzen«

o. Abb.
Fünf runde Bleiplatten, verschiedene Durchmesser:
6 bis 8,5 cm und Höhe: 0,5 bis 2 cm, um 1940,
Privatbesitz

Ein weit verbreitetes Bubenspiel war das »Plattlschutzen«. Hans Schrall aus Röhrmoos hat es als Kind leidenschaftlich gerne gespielt. »Man suchte auf der kleinen Wiese eine günstige Abwurfstelle, von der man in erreichbarer Wurfweite einen Ziegelstein treffen konnte. Jeder Spieler legte als Einsatz ein Fünferl mit der Zifferzahl nach oben auf den (...) Ziegelstein. (...) Die Reihenfolge der Spieler wurde ausgelost. Man versuchte durch einen gezielten Wurf möglichst nahe an den Ziegelstein zu kommen oder ihn zu treffen. Bei dem Spiel beteiligten sich sechs bis maximal zwölf Spieler. Wer nach einem Durchgang mit seinem Plattl am nächsten am Ziegelstein war, durfte ihn als erster umkippen und die Fünferl, die mit der Zahl nach oben zeigten, als Gewinn an sich nehmen. Die restlichen Münzen wurden wieder aufgelegt und die Nächstplatzierten wiederholten den Vorgang bis kein Fünferl mehr vorhanden war, dann wurde neu gesetzt. Hatte jedoch ein Spieler den Stein getroffen, so durfte er die am Boden liegenden Münzen, die mit der Zahl nach oben zeigten, sofort kassieren. (...) Wir Buben hatten kleinere und damit auch leichtere Bleiplattln zum Spielen und setzten einen Pfennig ein.«.
Die Spielsteine ließen sich die Buben vom

Spengler von einer Bleistange abschneiden. Die Kanten schliffen sie sich selbst zurecht, um sich nicht daran zu verletzen.

Zitat: Hans Schrall und Angelika Siegerist, Beim Wilmo. Erinnerungen von Hans Schrall, Röhrmoos 2007, S. 60.

»Himmel und Hölle«

o. Abb.
Inszenierung

Das »Himmel hüpfen« oder »Paradiesspiel« zählte zu den beliebten Spielen im Freien und wurde besonders gerne von Mädchen gespielt. Da man einen ebenerdigen Grund benötigte, wurde das Spielfeld häufig auf dem Pausenhof der Schule oder auf der Straße aufgemalt. Dem Spiel liegt der Gedanke zugrunde, durch Mühsal ins Paradies zu kommen. »Die Ausführung geschieht durch Hüpfen und Fortstoßen eines flachen 3 cm dicken und 5 cm langen und breiten Steines nach gegeben Gesetzen durch die einzelnen Felder der Figur mit dem Fuße des Hüpfbeines«. Wer den Stein in das letzte Feld brachte, war Sieger.

Zitat: A. Netsch, Spielbuch für Mädchen im Alter von 6 – 16 Jahren. Eine Sammlung von Lauf-, Gerät-, Sing- und Ruhespielen, Hannover – Berlin 1906, S. 47.

Kinderzither

o. Abb.
Holz, Metall, Saiten, teilweise umsponnen, Abziehbilder, 37,5 x 23,5 x 6 cm, 1. Hälfte 20. Jahrhundert, Bezirksmuseum Dachau, Slg. Dachauer Galerien und Museen, Inv. MU 1025

Musikerziehung war lange Zeit den Kindern des Adels und der wohlhabenden Bürgerschaft vorbehalten. Im ländlichen Milieu und in den Arbeiterfamilien erlernte kaum ein Kind ein Musikinstrument, es sei denn die Eltern oder Großeltern übten dies als Beruf aus.
Im 19. Jahrhundert wurde es im Bürgertum schicklich, den Kindern, bevorzugt den Mädchen, Klavierunterricht zu erteilen.

Wiege

o. Abb.
Fichtenholz, bemalt, 79 x 52 x 52,5 cm, datiert: 1859, Bezirksmuseum Dachau, Slg. Museumsverein Dachau, Inv. MG 08-7

Wiegen sind ein für Säuglinge angefertigtes Kindermöbel. Durch das rhythmische Hin- und Herschaukeln konnte man Kinder beruhigen und in den Schlaf wiegen. Damit das Kind nicht herausfiel, wurde zur Sicherheit ein Band um die seitlich angebrachten Knäufe geschlungen. Seit der Antike wurde der Nutzen der Wiege immer wieder in Frage gestellt und von Ärzten auch aus gesundheitlichen Gründen kritisiert. Jean Jacques Rousseau hielt sie für geradezu verderblich.
Es gibt verschiedene weitere Möglichkeiten ein kleines Kind zu betten. Die gebräuchlichste Form war der Korb, den man an der Decke aufhängte oder auf ein anderes Möbel stellte. Auch Pfostenbetten wurden schon für sehr kleine Kinder verwendet.

Lit.: Friedrich von Zglinicki, Die Wiege. Volkskundlich – kulturgeschichtlich. Kunstwissenschaftlich – medizinhistorisch, Regensburg 1979.

Kinderbett

o. Abb.
Eisengestell aus Rundstäben, lackiert, 151 x 72 x 103 cm, um 1900, Bezirksmuseum Dachau, Slg. Museumsverein Dachau, Inv. MG 05-8

Ursprünglich war dieses Kinderbettchen mit einer Vorrichtung für einen Betthimmel ausgestattet. Kinderbettchen aus Metall wurden im Bürgertum von der zweiten Hälfte des 19. Jahrhunderts an üblich. Sie waren meist mit kleinen Rädern ausgestattet und konnten leicht verschoben werden.
Der große Vorteil der Eisenbettchen bestand darin, dass sie klappbar waren und in beengten Wohnverhältnissen schnell und platzsparend weggeräumt werden konnten. Außerdem wurden sie als Reisebettchen verwendet.

Hochstuhl

verschiedene Hölzer, Eisen, Kunstleder,
Höhe: 99,6 cm, um 1900,
Bezirksmuseum Dachau, Slg. Dachauer Galerien und
Museen, Inv. MG 04-53

Der Hochstuhl stammt aus einem ehemaligen bäuerlichen Anwesen in Arnbach, Lkr. Dachau. Mittels Scharnieren kann der Hochstuhl in der Mitte nach vorne geklappt und zu einem Stühlchen mit Tisch verwandelt werden. Das Tischchen ist an einer Seite mit zwei Metallrädern ausgestattet und lässt sich rollen. Auf dem Tischchen sind rechts und links zwei Drahtbügel mit lose aufgereihten Holzperlen zum Spielen befestigt. Ein ursprünglich vorhandener Nachttopf, der in den Sitz eingehängt wurde, fehlt. Die Sitzpolsterung wurde 2008 bei der Restaurierung ergänzt.

Kinderstuhl

o. Abb.
Fichtenholz, Höhe: 48 cm, 18. Jahrhundert,
Bezirksmuseum Dachau, Slg. Museumsverein Dachau,
Inv. MG 04-23

Der Kinderstuhl war ursprünglich mit vier Holzrädern ausgestattet. Damit konnte das Kind das Stühlchen mit den Füßen hin- und herschieben.

Kinderstuhl

o. Abb.
Fichtenholz, Höhe: 55,5 cm, frühes 20. Jahrhundert,
Bezirksmuseum Dachau, Slg. Museumsverein Dachau,
Inv. MG 04-52

An den beiden Seitenteilen des Kinderstuhls ist ein beweglicher Metallhaken angebracht, um den Stuhl zu fixieren.

Kinderstuhl

o. Abb.
Fichte, Höhe: 67 cm, 19. Jahrhundert,
Bezirksmuseum Dachau, Slg. Dachauer Galerien
und Museen, Inv. MG-04-54

Zwei Kinderstühle

o. Abb.
Bugholz und Korbgeflecht, Höhe: 67 cm (beide),
frühes 20. Jahrhundert,
Bezirksmuseum Dachau, Slg. Dachauer Galerien und
Museen, Inv. MG 04-55 und MG 04-56

Kindermöbel kopieren in der Regel Erwachsenenmöbel, wie die beiden Korblehnstühlchen, die nach dem Vorbild großer Korbsessel gebaut sind.

»In diesem Jahr, 1944 also, war ich 12 Jahre jung und ein begeisterter ›Hitlerjunge‹. Stolz trug ich meine Uniform mit der rotweißen Kordel und dem Winkel am Ärmel; denn ich war schon befördert worden. Meine linke Brusttasche war überfüllt mit Siegernadeln aus den vielen Sportwettkämpfen. Oh ja, im Sport war ich immer einer der Besten. Das sollte mir später zugute kommen. (...) Eines Tages, ich kam gerade von der Schule, lag ein Schreiben von der obersten HJ-Führung auf dem Tisch. Darin wurde ich aufgefordert, am dritten und letzten Lehrgang der ›Adolf-Hitler-Schule‹ teilzunehmen.[1] Zwei dieser Lehrgänge hatte ich zusammen mit vier anderen Kameraden aus Olmütz bereits mit Erfolg angeschlossen. Wie sich aus dem Schreiben ergab, war ich der einzige Junge aus Olmütz, der den Sprung in den letzten Lehrgang geschafft hatte. (...) Ich war über diese Mitteilung hocherfreut und überaus stolz. Der Tag der Abreise kam und ich packte meinen Tornister. Da hatte meine Mutter noch eine Überraschung für mich. Sie erklärte mir, da ich (...) in Prag Aufenthalt hätte, dass mich mein Vater am Bahnhof erwarten würde. Darauf freute ich mich besonders. (...)

Er war da. Doch als wir uns begrüßten, fiel mir sofort seine ernste Miene auf. Mein Vater war sonst ein fröhlicher Mensch und immer zu Späßen aufgelegt. Aber heute stand ich vor einem sehr ernsten, bedrückt wirkenden Mann. Er kam auch gleich zur Sache, denn die Zeit drängte.

Er sagte: ›Hasi‹, er nannte mich immer so, ›pass gut auf, was ich dir jetzt sage: Das mit dem Krieg geht schief! Ich weiß nicht, ob ich noch einmal zu deiner Mutter und dir nach Hause komme. Wenn nicht, bist du der Mann und musst dich um die Mutter kümmern. Solltest du aber diesen leidigen Lehrgang der Adolf-Hitler-Schule wieder bestehen, dann ist alles aus. Dann kommst auch du nicht mehr nach Hause; denn diese Schule ist eine Vorstufe für spätere Führungskräfte. Also stelle dich so dumm an, wie du kannst!‹

Mein Vater sagte dies in so eindringlichem Ton, dass ich nicht anders konnte, als ihm zu glauben. Ich versprach ihm, mein Bestes, oder besser gesagt, mein Schlechtestes, zu tun. Der Aufenthalt am Bahnsteig in Prag ging zu Ende. Als wir uns verabschiedeten, sah ich etwas in seinem Gesicht, was ich noch nie an ihm gesehen hatte. Ja, doch, er hatte Tränen in den Augen.
Ich stieg in den Zug, der bald zu rollen begann. Ich öffnete das Fenster und beugte mich hinaus. Diesen Anblick werde ich nie vergessen, so lange ich lebe. Da stand auf dem fast leeren Bahnsteig ein einsamer Soldat, dem Tränen über die Wangen liefen, und er winkte und winkte und winkte.... . Es war das letzte Mal, dass ich meinen Vater sah.«

Aus: Franz Dostal sen., Gestohlene Jugend. Ein Tatsachenbericht, (= D´ Hopfakirm. Heimatkundliche Schriftenreihe des Landkreises Pfaffenhofen a. d. Ilm 35), Pfaffenhofen a. d. Ilm 2005, S. 3f.

[1] Die Adolf-Hitler-Schulen waren den Napolas (Nationalpolitische Erziehungsanstalten) ähnliche nationalsozialistische Eliteschulen in der Form eines Internats. Mit dem erworbenen Diplomzeugnis, das dem staatlichen Abitur gleichgesetzt war, sollte den Absolventen jede Laufbahn innerhalb der Partei und des Staates offen stehen.

Was Hänschen nicht lernt ...
Familie, Erziehung und Arbeit

Der Besen, der Besen,
Was macht man damit?
Man kehrt damit
Die Stuben.

Die Rute, die Rute,
Was macht man damit?
Man klopft damit
Die Buben.

Warum nicht die Mädchen?
Das wär eine Schand:
Die sitzen am Rädchen
Und spinnen Gewand. [1]

»Ich habe im Grunde keine schlechte Erziehung genossen, sondern gar keine. War ich ein braves, frommes, folgsames, anstelliges Kind, so lobten mich meine Eltern; war ich das Gegenteil, so zankten sie mich derb aus.« [2] Was Peter Rosegger über seine Kindheit berichtet, trifft auf Generationen von Kindern zu. Jahrhunderte lang war die Erziehung der Kinder kein Thema. In der frühen Neuzeit wurden Kinder wohl aufgezogen, aber nicht »erzogen« im Sinne einer reflektierten pädagogischen Beeinflussung. In einer Umwelt, in der die Trennung der Lebensbereiche in Privatsphäre und Arbeitswelt noch nicht stattgefunden hatte, befanden sich die Kinder inmitten der Welt der Erwachsenen und wuchsen in diese schrittweise hinein. Erwachsene und Kinder, Mädchen wie Knaben, hielten sich in den gleichen Räumen auf. Zimmer, die allein für den Aufenthalt der Kinder bestimmt sind, gibt es erst seit dem 19. Jahrhundert und auch nur in der höheren Gesellschaft. Meist gab es im Haus und in der Wohnung nur einen zentralen beheizten Raum, in dem gegessen, gearbeitet, erzählt, gefeiert und gespielt wurde. Eltern und Kinder schliefen oft im selben Raum, mitunter sogar im selben Bett. [3] In den kinderreichen kleinbäuerlichen Familien und Arbeiterfamilien mussten sich mehrere Kinder ein Bett teilen.

Bildung und Erziehung, damit letztlich auch das Recht auf Herausbildung einer eigenen Persönlichkeit, setzten schon immer einen gewissen Wohlstand voraus. Die Kinder des Adels wurden systematisch auf ihre späteren Rollen als Machtausübende und Befehlshaber vorbereitet. Dazu gehörten auch alle Verhaltensweisen, die ein sicheres Auftreten in einer von Zwang und Etikette durchdrungenen Gesellschaft garantierten. Die Stände eiferten diesem Ideal nach. Auch hier war die Erziehung auf Lerninhalte und Verhaltensweisen ausgerichtet, die den Fortbestand des eigenen Handwerks oder Unternehmens sicherstellten. Besonders im mittelständischen Bürgertum wurde früh das kindliche Spielbedürfnis zur Sozialisierung des Kindes genutzt und mit eigens dafür hergestelltem Spielzeug, wie beispielsweise Puppenhäusern und Kaufmannsläden, in die richtigen Bahnen gelenkt.

Mit der häuslichen Erziehung der Kinder zu Religiosität und Glauben wirkte die Kirche als moralische Instanz auch außerhalb des Gotteshauses bis in den Alltag der Familie hinein. Jahrhunderte lang eingeübte kirchliche Rituale und Traditionen hatten das soziale Gefüge in den Städten und mehr noch in den Dörfern soweit gefestigt, dass eine Familie oder gar ein Einzelner diese normativen Verhaltensweisen kaum in Frage stellen oder sich ihnen gar entziehen konnte. Erziehung zu Frömmigkeit und Gottesfurcht begünstigte auch die Ehrfurcht und den Gehorsam der Kinder gegenüber ihren Eltern und wurde deshalb kaum von der Erwachsenenwelt abgelehnt. Gott und die Kirche besaßen geradezu das exklusive Recht auf die Herzen der Kinder: »Wenn die Mutter die kleinen Knirpse ins Bett brachte, mussten sie die Hände falten und beten: ›Jesukindlein komm zu mir, mach' ein frommes Kind aus mir, darf niemand hinein, als du, mein liebes Jesulein.‹« 4

Mutter mit Säugling und Kleinkind, Fotografie des Vaters Joseph Baumüller in Dachau, 1906

Erst gegen Ende des 18. Jahrhunderts setzte die Forderung nach einer engen sozialen und psychischen Bindung zwischen Eltern und Kindern ein, die wir heute als selbstverständliche Grundlage der Kindererziehung betrachten. Im bürgerlichen Bewusstsein der Biedermeierzeit wurde die Beziehung zwischen Eltern und Kindern idealisiert und Familie und Heim zum Idyll verklärt. Die Wirklichkeit sah jedoch in den meisten Fällen anders aus. Bis ins 18. Jahrhundert scheint es in wohlhabenden Kreisen üblich gewesen zu sein, das Kind zuweilen bis zum dritten Lebensjahr in das Haus einer Säugamme zu geben und es erst nach dem Abstillen wieder in das Elternhaus zurückzuholen. Danach wurde es zur weiteren Beaufsichtigung und Erziehung dem häuslichen Gesinde übergeben.

Patchwork-Familien, wie wir heute diese von aus Vater, Mutter, Kind bestehenden Kleinfamilie abweichenden Lebensgemeinschaften nennen, sind schon lange geschichtliche Realität. Führt heute in der Regel die Trennung der Eltern das Zerbrechen der Familie herbei, war es früher der Tod. Der frühzeitige Tod einzelner Familienmitglieder, der rein statistisch in mehr als der Hälfte aller Familien vorkam, ließ kaum eine vollständige Familie bestehen, in der die Kinder alle untereinander verwandt waren oder aus einer Ehe stammten. Durch Wiederverheiratung kamen neue Geschwister hinzu. Während sich die Kinder meist sehr schnell und gut zusammenrauften, gab es nicht selten große Unterschiede im Umgang mit den eigenen Kindern und denen des neuen Partners. »Am Tag vor meiner ersten hl. Kommunion hatte ich immer noch kein weißes Kleid, auch keine Kerze. (…) Da sagte mein Bruder ›Marl, du brauchst nicht weinen – nimm meine Kerze.‹ Die haben wir dann zugeschnitten, bis der Docht wieder weiß war, dann hat sie ausgeschaut wie ein neue. (…) Meine Stiefschwester Fanny (…), Mutters Mädel (ich hab sie eigentlich gerne mögen, sie konnte ja nichts dafür), hatte auch eine neue Kerze. Das weiß ich bestimmt, dass die Mutter die gekauft hat. (…) Als der Vater sie am Sonntag fragte, warum sie blos eine gekauft hätte, log sie schon wieder. Sie sagte, Fannys Kerze hat die Groß-

Mutter und Schwester bringen der Jüngsten das Laufen bei, Fotografie des Vaters Joseph Baumüller in Dachau, 1907

Abendgebet der Kinder, Fleißbildchen, um 1940

mutter geschickt, drum hat sie die meine vergessen. Ja, so war das immer, und der Vater glaubte ihr alles.«5

Der frühe Tod einzelner Familienmitglieder kam statistisch gesehen in mehr als der Hälfte aller Familien vor. Der Tod eines Elternteils oder Geschwisters war für die Kinder meist die erste große seelische Belastung in ihrem noch sehr jungen Leben. Starb der Vater, fehlte in der Familie in der Regel auch der einzige Ernährer. Das führte dazu, dass die älteren und häufig selbst noch unmündigen Mädchen oder Jungen nun durch Arbeit zum Lebensunterhalt der jüngeren Geschwister beitragen mussten. Dies bedeutete das abrupte Ende der eigenen Kindheit. Die Trauer um den frühen Tod der Mutter, der durch die vielen Geburten und im Kindbett weit häufiger drohte, teilten ebenfalls viele Kinder. Dann musste das älteste Mädchen nicht nur die Führung des Haushalts übernehmen, sondern gegenüber den kleineren Geschwistern auch die Rolle der Mutter. »Da wir neun Personen waren, gab es viel Wäsche. Meine Hände waren ganz rot und blau gefroren. Und viel habe ich geweint.(…) Handschuhe, die ich und meine Schwestern gestrickt haben, gab es immer zu wenig. Die Kleinsten brauchten auch schon welche, zum Schlittenfahren

Jungen aus Dachau spielen Krieg: »Jetz wenn nöt is bald a Ruah na haun mir a no zua«, Fotografie von 1916

Wiedersehensfreude in einer Dachauer Familie beim Fronturlaub des Vaters, Fotografie von 1944

und Schneemannbauen. Hosen wurden jeden Tag zerrissen. Da zwang mich mein Vater, bis um zehn Uhr abends zu nähen und zu flicken, wenn alle schon im Bett lagen. Auch er ging zu Bett. Wenn es mir dann gar zu viel wurde, (…) konnte ich mich verstecken und weinte mich aus.«6

In größter materieller Not wurden Kinder immer wieder gezwungen, bereits im Alter von acht und neun Jahren das Elternhaus zu verlassen. Als billige Arbeitskräfte kamen sie auf Bauernhöfen in der Umgebung oder in großen Haushalten und Fabriken in der Stadt unter, wo sie für Kost, Unterkunft und Kleidung mitarbeiteten. »Wir wohnten in Sand in Taufers im Ahrntal. Meine Mutter hatte mehrere Kinder. Sie gab mich mit sechs Jahren auf den Lechnerhof in Luttach zur ›Sommerfrische‹. Ich musste dort in der Küche und im Stall helfen; es gab immer kleine Arbeiten für mich. Ich hatte starkes Heimweh, ließ es mir aber nicht anmerken.«7 Maria Hildegard erging es ähnlich wie vielen Bergbauernkindern aus Südtirol, Tirol, Vorarlberg und der Schweiz, die aus Armut als Kinderarbeiter über die Alpen vor allem nach Oberschwaben verdingt wurden.

Auch die Kinder, die zu Hause aufwuchsen, wurden sehr früh an die Arbeit gewöhnt und zur Mithilfe im Haus, im Garten, auf dem Feld, im Stall und in der Werkstatt herangezogen. Im Allgemeinen wurde von allen Mitgliedern der Familie erwartet, dass sie zum gemeinsamen Lebensunterhalt beitrugen. Die Wertschätzung, die ein Kind bei Vater und Mutter erhielt, richtete sich weitgehend nach seiner Beteiligung an der gemeinsamen Arbeit.

Wenn für die Betreuung der kleineren Kinder in der Familie keine eigene Kindsmagd vorhanden war, war es die Aufgabe der älteren auf ihre jüngeren Geschwister aufpassen. Kindsmägde waren häufig kaum älter als die Kinder, die sie zu betreuen hatte. Sie stammten meist aus sehr armen Familien und mussten für ihren Lebensunterhalt selbst aufkommen. »Meine Schwester erzählte mir, wie sich durch meine Geburt ihre Kindheit veränderte. Es war für sie eine Freude, dass sie nun ein Brüderlein hatte, aber andererseits musste sie mich als Kleinkind schon behüten und ihre Kinderfreiheit wurde damit eingeengt.« [8]

Eine den Kindern häufig aufgetragene Arbeit war das Boten gehen und Besorgungen machen. »Manchmal mußte ich den Boten machen, der allerlei zu besorgen hatte. Da lief ich die ganze Gegend ab, bald zur Schwester Marie nach Walchstadt, oder zur Schwester Anastasie nach Breitbrunn (am Ammersee), oder zur Schwester Maria Anna nach Unteralting (bei Grafrath), oder zur Schwester Kreszenz nach Emmering (bei Bruck), oder zur Schwester Augusta nach Herrsching, oder zu den Geschwistern Johann in Planegg und Rosalia in Krailling bei Planegg. Auf diese Weise wurde ich ein Schnelläufer, der im ganzen Dorf geachtet war und häufig auch Aufträge für andere Leute besorgte. (…) Wegen der vielen Fehden, die die Etterschlager großen und kleinen Buben häufig mit den Buben der Nachbarsdörfer hatten, waren solche Gänge nicht immer ungefährlich. Aber ich wußte die gefährlichsten Klippen durch Um- und Seitenwege zu umgehen; (…) Sehr häufig machte ich den Weg von Etterschlag nach Schöngeising oder Fürstenfeldbruck. Als Knabe waren mir diese Gänge sehr unangenehm, denn der Weg war weit (zwei bis drei Stunden); er führte außerdem durch die großen und von mir gefürchteten Wälder, die ich nicht selten auf dem Heimwege bei einbrechender Dunkelheit atemlos durcheilte.« [9]

Andere typische Kinderarbeiten waren Erntearbeiten im Wald und Garten wie Himbeeren, Brombeeren oder Blaubeeren sammeln, Schwammerl suchen, oder Äpfel, Birnen, Zwetschgen und Kirschen pflücken. Diese wurden bereits auch von den kleineren Kindern verrichtet.

Kinder im Alter von ungefähr zehn Jahren mussten schon in der Landwirtschaft, im Stall und auf dem Feld mithelfen und wurden zum Unkraut jäten, im Frühjahr zum Kartoffel legen und Rüben verzogen, zum Kartoffel ernten, Kleintiere füttern und misten und zum Holz und Torf aufrichten herangezogen. »Ab meinem elften Lebensjahr fuhr ich (...) mit meiner Schwester aufs Getreidefeld. Die Garben waren für mich nicht mehr zu schwer und meine Schwester hatte das Aufbauen des Getreidefuders genau so im Griff wie meine Mutter. Mit Stolz fuhr ich dann mit dem braven Ochsen die schöne Getreidefuhre nach Hause. (...) Im Alter von elf, zwölf und dreizehn Jahren wurde ich von meinem Vater zu kleineren Hilfeleistungen im bäuerlichen Anwesen eingeteilt. (...) Es hat in meiner Kindheit kaum eine Mühlfahrt gegeben, bei der ich nicht mit meinem Vater mitfahren durfte. So traute er mir als ich dreizehn Jahre alt war, zu, dass ich mit meinem Ferienfreund Rauch Alois aus München (...) allein zur Mühle nach Weichs fahren konnte. (...) Die Fahrstrecke war (...) ca. neun Kilometer lang.« [10]

»Beim Prummer« in Niederroth: Bub als »Fürschefahrer« (= Führer des Leitpferdes), Fotografie um 1932

Mädchen wurden nicht nur als Kindermädchen für die jüngeren Geschwister, sondern auch zur Pflege der alten Leute eingesetzt: »Vaters Stiefvater, der Girgl, war auch in der Nachbarschaft, er kam wöchentlich zweimal zu uns. (...). Ich musste dem Girgl immer die Füße waschen, Nägel schneiden die Hühneraugen entfernen, dafür bekam ich zwei Wienerwürstl. Die Kinder wollten auch alle einmal abbeißen, da habe ich an der Hand vorne nur wenig herausschauen lassen, sonst hätte ich selbst gar nichts erwischt.« [11]

Die Mitarbeit der Kinder ging in manchen Fällen weit über das notwendige und gesellschaftlich akzeptierte Maß hinaus. Dann mussten die Kinder schuften und ernteten dafür meist keine Anerkennung. Vielmehr waren sie auch bei Bestrafungen und körperlichen Züchtigungen der Willkür ihrer Eltern ausgeliefert. Lena Christ schildert in ihrer literarischen Autobiographie »Aus dem Leben einer Überflüssigen« eindrucksvoll die Rohheit und Düsternis eines solchen Kinderschicksals: »Mühsam fing ich wieder an zu arbeiten, während die Mutter an den Waschtisch gegangen war und sah, dass ich das Wasser noch nicht ausgeleert hatte. Da schrie sie: ›Ja, was is denn dös! Net amal d' Wasserschüssel hat's ausg'leert und frisch Wasser reitragen!‹ ›Ja mei, i hab ma's ja net z'tragen traut, die teure

Schüssel, weil mi alle Augenblick der Schwindel anpackt.‹ ›Was Schwindel! Dir treib i dein' Schwindel aus. Sofort leerst die Schüssel aus! I möchte wissen, für was ma dir z'fressn gibt, du langhaxats G'stell!‹ rief sie und stieß mich an den Waschtisch. (...) Schwankend trug ich also die Schüssel durch das Zimmer, als ich plötzlich einen Stoß verspürte, worauf ich zu Boden stürzte. Die Mutter hatte es getan; denn ich war ihr zu langsam gegangen. Starr blickte ich erst auf die Wasserlake, dann auf die Scherben und vergaß, aufzustehen, bis mich die Mutter mit dem Ochsenfiesel des Vaters daran erinnerte. Eine halbe Stunde später, als ich, die blutigen Striemen an meinem Körper betrachtend und vor Schmerzen an Brust und Rücken stöhnend, bemüht war, das Unheil wieder gut zu machen, ging die Mutter fort mit der Drohung: ›Dawerfa tua i di, wenn i net die gleiche Schüssel kriag!‹« [12]

Große Hochzeit auf dem Anderlhof in Weyhern. Es sind alle Generationen vertreten. Fotografie vom Mai 1918

1
Aus: Heinrich Wolgast, Schöne alte Kinderreime für Mütter und Kinder, Buchschmuck von Josef Mauder, München (Buchverlag der Jugendblätter) o. J. (um 1925), S. 84 f.

2
Peter Rosegger, Waldheimat, 1. Bd., Das Waldbauernbübel, in: Gesammelte Werke, Bd. 11, Leipzig 1914, S. 73.

3
Hierzu: Gertrude Langer-Ostrowsky, Erziehung, in: Familie. Ideal und Realität (Ausstellungskatalog zur Niederösterreichischen Landesausstellung 1993, Schloss Riegersburg), Horn 1993, S. 151.

4
Martin Meier, Das war Armut. Erinnerungen aus der »guten« alten Zeit. Landleben in den 20er und 30er Jahren, 1. Band, Dießen am Ammersee 1995, S. 116.

5
Maria Hartl, Häuslerleut, München 1987, S. 31 f.

6
Anna Wilmschneider, Herbstmilch. Lebenserinnerungen einer Bäuerin, München 1984, S. 18 f.

7
Maria Hildegard, in: Therese Weber (Hg.), Mägde. Lebenserinnerungen an die Dienstbotenzeit bei Bauern, Graz – Wien 1985, S. 69.

8
Hans Schrall und Angelika Sigerist, Beim Wilmo. Erinnerungen von Hans Schrall, Röhrmoos bei Dachau 2007, S. 13.

9
Joachim Königbauer, Eine Kindheit auf dem Dorf 1849 – 1862, Waakirchen 1987, S 22 f.

10
Ebd., S. 80 f.

11
Anna Wimschneider, (wie Anm. 5), S 35.

12
Lena Christ, Erinnerungen einer Überflüssigen, in: Dies., Gesamtausgabe Bd. 1, München 1990, S. 90 f.

Familie, Erziehung und Arbeit

Großformatige Andachtsbilder wie dieses waren in der ersten Hälfte des 20. Jahrhunderts sehr beliebt und hingen in nahezu jedem elterlichen Schlafzimmer. Das Ideal der Hl. Familie, bestehend aus Josef, dem Nährvater, Jesus und seiner Mutter Maria, sollte als Ansporn dienen, ihrem Vorbild zu folgen.

Familienbild

Fotografie, gerahmt, 42 x 33 cm, um 1940,
Privatbesitz

In Ermangelung eines eigenen Fotoapparates ging man von Zeit zu Zeit und zu bestimmten Anlässen zum Fotografieren. Für dieses Bild kam der Fotograf jedoch ins Haus, um die Familie vollzählig und in ihrer eigenen Umgebung abzulichten. Dabei wurde beim nachträglichen Korrigieren dem Mädchen auch Schmuck »angelegt«. Der Herrgottswinkel in der Ecke und das Brot auf dem Tisch weisen auf eine religiöse und bodenständige Familie.

Die Heilige Familie

Hinterglas, gerahmt, 28,6 x 22,8 cm, um 1840,
Bezirksmuseum Dachau, Slg. Museumsverein Dachau,
Inv. RV 101

Die Heilige Familie

o. Abb
Öldruck, zeitgenössischer Goldrahmen, 130 x 43 cm,
1. Hälfte 20. Jahrhundert,
Bezirksmuseum Dachau, Slg. Dachauer Galerien und
Museen, Inv. RV 264

Guten Abend, gut' Nacht

o. Abb.
Die schönsten Wiegenlieder, Jos. Scholz Verlag Mainz o. J. (um 1920),
Privatbesitz

Das abendliche Vorsingen der Mutter half den Kindern beim Einschlafen und zählte zu den festen Ritualen in der Kindererziehung. Sobald das Kind sprechen konnte, trat an die Stelle des Schlummerlieds das Abendgebet.

Das dankbare Kind

o. Abb.
Anonymer Druck, gefalteter Gebetszettel mit Titelillustration, geschlossen: 18 x 10,8 cm, um 1800,
Bezirksmuseum Dachau, Slg. Museumsverein Dachau, Inv. RV 508

»Wie verdank ich Gott die Gabe,
dass ich gute Eltern habe...«.

Der Faltzettel enthält drei Kindergebete. Das sechsstrophige Gebet »Das dankbaren Kind«, endet mit der bekannten Strophe »Jesukindlein komm zu mir – Mach ein frommes Kind aus mir! – Mein Herz ist klein – Kann niemand ein – Als du mein liebes Jesulein.« Ein zweites Gebet ist an den Schutzengel gerichtet, der dem Kind antwortet, in dem er es zu einem frommen Leben ermahnt. Der dritte Text ist das »Gebet eines dankbaren Kindes für seine Eltern«.

Schutzengelbild

Farblithographie, 27,5 x 21 cm, um 1940,
Bezirksmuseum Dachau, Slg. Dachauer Galerien und Museen, Inv. RV 263

Über unzähligen Kinderbetten hingen sie: die Schutzengelbilder. Die beiden bekanntesten Bildmotive zeigen ein Mädchen und einen Jungen, einzeln oder zusammen, die auf einer unsicheren Brücke einen Wildbach überqueren oder ganz in ihr Spiel vertieft, den jähen Abgrund nicht sehen, der sich vor ihnen auftut.

Jedes Mal steht ein großer Engel hinter ihnen, der die Flügel ausbreitet und die Hände beschützend über sie hält.

Kinder-Glückwünsche und Deklamationen

o. Abb.
Zum Geburtstage u. Namenstage, hrsg. v. Adamine von Diemar, 1. Heft, 48 Seiten, Mühlhausen o. J. (um 1910),
Bezirksmuseum Dachau, Slg. Dachauer Galerien und Museen, Inv. B 4498

Das kindliche Deklamieren von Glückwunschgedichten gehört wie das Vortragen kleiner Gedichte zum Kanon des bürgerlichen Erziehungsanspruchs. Der Knabe im Matrosenanzug und das Mädchen im Kleidchen und mit großer Schleife auf dem Kopf treten vor das meist erwachsene Publikum und brillieren vor den Augen der stolzen Eltern.

Erste Schreibversuche

Glückwunschvers eines Kindes an seinen Vater,
8,8 x 13,8 cm,
Ampermoching 1912,
Privatbesitz
»Lieber Vater
Lieber Lieber Vater, ich bringe dir meinen schönsten Glückwunsch hier.

Will dich immer herzlich lieben hab dies Verschen selbst geschrieben; möchte es dich doch erfreun.(...)«

Mütterchens Hilfstruppen

Gebundener Pappband, Stuttgart (Herold Verlag) o.J. (um 1920),
Bezirksmuseum Dachau, Slg. Dachauer Galerien und Museen, Inv. B -LIT-13

Dieses Kinderbuch von Tony Schuhmacher gibt, eingebettet in eine kindgerechte Rahmenerzählung, Vorschläge und Anleitungen für Kinder wie sie im Haushalt mithelfen können.

Unser Kind. Merkbuch für das Leben unseres Kindes

Album mit 80 Seiten mit Vordruck, schwarzer Struktureinband, 19,5 x 13 cm, Hamburg (Verlag M. Kimmelstiel & Co) 1924,
Bezirksmuseum Dachau, Slg. Dachauer Galerien und Museen, Inv. A-HS-23

Um die flüchtigen Augenblicke der Kindheit festzuhalten, schrieben manche Mütter, seltener die Väter, zur Erinnerung besondere Begebenheiten im Leben des Kindes auf. Um 1900 erschienen die ersten »Kinder-Merkbücher«, in denen nach einem vorgegebenen Schema und auf dafür vorgesehenen eingeteilte Seiten Ereignisse im Leben des Kindes, entwicklungsbedingte Veränderungen und Besonderheiten des Kindes notiert werden konnten. Mit der Verbreitung der Fotografie kamen auch immer mehr Fotoseiten hinzu.

Vater ist im Kriege

Ein Bilderbuch für Kinder, hrsg. v. d. Kriegskinderspende deutscher Frauen, Kronprinzenpalais Berlin, Berlin o.J. (1915),
Bezirksmuseum Dachau, Slg. Dachauer Galerien und Museen, Inv. B 4477

In Zeiten kriegerischer Auseinandersetzungen ist auch im Spielzeug eine besondere Militarisierung festzustellen. Zu Beginn des Ersten Weltkriegs wurden Kinderbücher herausgegeben, die das Kind für den Krieg begeistern und auf die zu erwartenden Folgen einstimmen sollten. Anschaulich wird dem Kind vor Augen geführt, dass Krieg auch die Verletzung des Vaters bedeuten kann. Der Tod des Vaters bleibt ausgespart.

Kommunionkerze

Wachs, gezwickter Dekor, Goldwachsauflagen und bedrucktes Papier, Höhe: 44 cm, Durchmesser: 1,4 cm, um 1920,
Bezirksmuseum Dachau, Slg. Dachauer Galerien und Museen, Inv. RV 1061

Der Kommuniontag war zusammen mit der später stattfindenden Firmung bei den Katholiken und der Konfirmation bei den Protestanten der bedeutendste individuelle Festtag im Leben eines Kindes. Je nachdem wie religiös das Elternhaus war, wurde der Festtag mehr oder weniger intensiv gefeiert. Für manche Kinder unterschied er sich kaum von einem gewöhnlichen Sonntag, für andere wiederum war dieser Tag so einprägsam, dass er zum festen Bestandteil der Kindheitserinnerung gehörte. Zur Ausstattung des Kommunionkindes gehörten neben dem weißen Kleid oder dem ersten Anzug, die Kommunionkerze, ein Gebetbuch und ein Rosenkranz. Seit dem 20. Jahrhundert war es üblich, das Kommunionkind, häufig zusammen mit dem Taufpaten, fotografieren zu lassen.

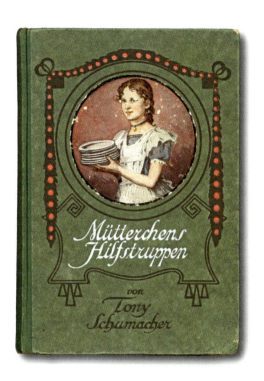

Kommunionandenken

Farblithographie, Hinterglasmalerei, Zinkrahmen,
19,5 x 9 cm, um 1900,
Bezirksmuseum Dachau, Slg. Dachauer Galerien
und Museen, Inv. RV 264

Kleine Andachtsbilder, die meist das Kommunionkind am Altar kniend beim Empfang der Hostie darstellen, waren beliebte Erinnerungsbilder an die eigene Kommunion. Sie wurden häufig gerahmt über dem Bett der Kinder aufgehängt.

Mütterchens Hilfstruppen.
Eine hübsche Geschichte (…)
wie Kinder im Haushalte
helfen können, um 1920

Vater ist im Krieg.
Ein Bilderbuch für Kinder, 1915

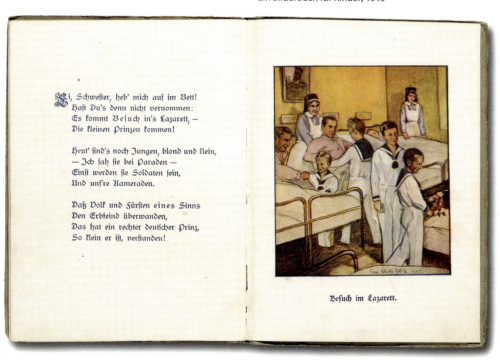

Ei, Schwester, heb' mich auf im Bett!
Hast Du's denn nicht vernommen:
Es kommt Besuch in's Lazarett, –
Die kleinen Prinzen kommen!

Heut' sind's noch Jungen, blond und klein,
— Ich sah sie bei Paraden —
Einst werden sie Soldaten sein,
Und unf're Kameraden.

Daß Volk und Fürsten eines Sinns
Den Erbfeind überwanden,
Das hat ein rechter deutscher Prinz,
So klein er ist, verstanden!

Besuch im Lazarett.

Familie, Erziehung und Arbeit

»Unser Hauptlehrer wollte alle Schulkinder, ob Bub oder Mädel, zur aufrechten Körperhaltung erziehen. Es kam vor, hauptsächlich bei einigen Mädchen, dass sie tief gekrümmt in der Schulbank saßen. Sie wurden deshalb mit Bändern, die wie bei einem Rucksack über die Schulter liefen, an die Banklehne zurückgebunden.

Für besondere Erziehungsmaßnahmen hatte auch Herr Gräßmann einen Haselnussstecken zur Verfügung. Die Mädchen machten nur mit Tatzen Bekanntschaft. Ich muss zugeben, dass ich auch einige Male mit diesem Haselnussstecken auf mein Hinterteil Schläge bekam. Im Durchschnitt spürte ich diese Strafe einmal in jedem Schuljahr. Zu so einer Erziehungsmaßnahme wurde man nach vorne gerufen. Man musste sich bücken und unseren Kopf hielt Herr Gräßmann zwischen seinen Oberschenkeln fest. Mit seiner linken Hand spannte er die Hose am Gesäß und konnte dabei prüfen, ob einer, der die Strafe schon kannte, zum Schutz eine Unterlage oder eine zweite Hose anhatte. Konnte er bei einem Schüler so einen Schutz feststellen, dann führte er die Schläge auf den Hosenboden kräftiger aus.«

Aus: Hans Schrall und Angelika Sigerist, Beim Wilmo. Erinnerungen von Hans Schrall, Röhrmoos 2007, S. 32f.

»Der Ernst des Lebens«
Schulzeit

Eins, zwei – Polizei,
Drei, vier – Offizier,
Fünf, sechs – alte Hex,
Sieben, acht – gute Nacht,
Neun, zehn – lasst uns gehen!
Elf, zwölf – kommen die Wölf. [1]

Jahrhunderte lang war Schule Angelegenheit der Kirche. Noch im Westfälischen Frieden von 1648 wurde anerkannt, dass das Bildungswesen als »annexum religionis«, als eine mit der Religion verbundene Angelegenheit anzusehen sei.

Es wurde zwar Lesen, Schreiben und Rechnen gelehrt, doch im Mittelpunkt stand die Unterweisung in der Christenlehre.

Nachdem die Wissenschaften im 18. Jahrhundert große Fortschritte gemacht hatten und es notwendig wurde, sogenannte Realienfächer wie Geschichte, Biologie, Physik und Chemie in den Unterricht einzubeziehen, beanspruchte der Staat entsprechende Mitwirkungsrechte. Frühe Versuche seitens des Staates eine Schulpflicht durchzusetzen, reichen in die Mitte des 17. Jahrhunderts zurück. Doch blieben sie letztendlich wirkungslos, da dem Staat die Zuständigkeit fehlte. Außerdem beschränkte sich die Forderung auf die Knaben. Mädchen hatten außerhalb der häuslichen Erziehung keinen Zugang zur Bildung. Dementsprechend groß war die Unwissenheit bei einer Hälfte der Bevölkerung. 1770 kam es zu einer Reform der Elementarschulen, die nun auf sechs Klassen festgelegt wurde. In der ersten Klasse wurde die »Kenntnis der Buchstaben und das Buchstabieren« gelehrt, in der zweiten das Lesen und die »Anfangsgründe des Schreibens«, in der dritten das Schreiben und in der vierten Grammatik, in der fünften das Rechnen und in der sechsten die »Anfangsgründe der Briefkunst«. Durch alle sechs Klassen hindurch aber wurde die Christenlehre unterrichtet. [2]

Kindergarten Nazareth in Dachau, Fotografie um 1916

Erst unter Kurfürst Max IV . Joseph gelang es 1802 das Schulwesen zur alleinigen Angelegenheit des Staates zu machen und den allgemeinen Schulzwang zum Besuch der sechsjährigen Elementarschule durchzusetzen. Die Kinder des Adels und »anderer vermöglicher Personen« blieben von dieser Regelung weiterhin ausgespart, da man davon ausging, dass diese Kinder wie seit jeher Privatunterricht erhielten.

Mit großem Einsatz ging man landesweit daran, die konkreten Voraussetzungen für die Durchführung der Schulpflicht zu schaffen. In großem Umfang wurden neue Schulen gebaut, ausführliche Lehrpläne erstellt, neue Schulbücher gedruckt und erstmals landesweit die Lehrerbildung organisiert. Da es jedoch nicht genügend qualifizierte Lehrer gab, blieb die örtliche Schulaufsicht im Volksschulbereich bis 1919 noch überwiegend in der Hand des Ortspfarrers, der auch weiterhin den Religionsunterricht erteilte. Es dauerte rund ein halbes Jahrhundert, bis es gelungen war, dass über 90 % der Kinder die Schule besuchte.

Anonym, Der alte Schullehrer, Bleistift auf Karton, um 1920

Im Alter von sechs Jahren begann für die Kinder die Schulzeit. Damit ging die erste Phase der Kindheit zu Ende. Das Kind verließ nun mehr oder weniger regelmäßig für bestimmt Zeiten die elterliche Obhut um zum Lernen in die Schule zu gehen. Während sich in den Städten und Märkten die Schulpflicht rasch durchsetzte, war die Akzeptanz auf dem Land eher gering.

Vor allem Eltern, die selbst keine Schulausbildung hatten, hielten auch bei ihren Kindern den Schulbesuch für nicht notwendig. Außerdem wurden die Kinder in vielen Familien als Arbeitskräfte in der Landwirtschaft und im Handwerk benötigt, weshalb der Schulunterricht sich sehr an den regionalen Bedingungen ausrichtete und in den Erntemonaten schulfrei war. Im Winter, wenn es in der Landwirtschaft weniger zu tun gab, konnten die Kinder häufig wegen verschneiter und langer Wege nicht zur Schule kommen. So blieb gerade auf dem Land der unregelmäßige Schulbesuch über Jahrzehnte ein großes Problem.

Erste Klasse in der Klosterschule Dachau, Fotografie um 1922

Kinder aus besonders armen Verhältnissen und Familien in denen ein Elternteil fehlte, waren durch die häusliche Arbeit und den Schulbesuch doppelt belastet. »Es dauerte nicht lange, da sagten die Buben, im Haus ist alles deine Arbeit, das ist Dirndlarbeit. Nach der Schule kam die Meieredermutter, um mir das Kochen beizubringen. In meinem Beisein sagte der Vater zu ihr, wenn sich's das Dirndl nicht merkt, haust ihr eine runter, da merkt sie es sich am schnellsten. An Sonntagen lernte sie mir das meiste, da war keine Schule. Mit neun Jahren konnte ich schon Rohrnudeln, Dampfnudeln, Apfelstrudel, Fleischgerichte und viele andere Dinge kochen.« 3

In der Regel gingen die Kinder gerne zur Schule. Hänseleien und Streit der Kinder untereinander führten selten dazu, dass ein Kind

Erstklässlerin an der Klosterschule in Dachau, Fotografie von 1941

nicht mehr zur Schule gehen wollte. Nur die übertriebene Strenge und vor allem Gewalttätigkeit eines Lehrers konnte den Schulbesuch zur Qual machen. In der Regel standen die Eltern auf Seiten ihrer Kinder und duldeten keine übertriebenen körperlichen Züchtigungen ihrer Kinder. Diesbezügliche Klagen über Lehrer gab es genügend, da Prügel als übliches und pädagogisch höchst wirksames Züchtigungsmittel angesehen wurden.

1
Aus: Heinrich Wolgast, Schöne alte Kinderreime für Mütter und Kinder, Buchschmuck von Josef Mauder, München (Buchverlag der Jugendblätter) o. J. (um 1925), S. 54.

2
Karl Prantl, Zur Geschichte der Volksbildung und des Unterichts in Oberbayern und Niederbayern, in: Bavaria. Landes- und Volkskundes des Königreichs Bayern, Bd. I/2, München 1860, S. 509–586, hier: S. 551.

3
Anna Wimschneider, Herbstmilch. Lebenserinnerungen einer Bäuerin, München 1984, S. 10 f.

Schulzeit

Schultüte

o. Abb.
Pappe, beklebt, Höhe: 48 cm, um 1950,
Privatbesitz

Heutzutage ist die Schultüte oder Zuckertüte das Attribut des Schulanfängers. Sie soll ihm den Beginn des »Ernsts des Lebens« mit Süßigkeiten und kleinen Geschenken versüßen. Obwohl seit dem 19. Jahrhundert bekannt, wurden Schultüten außerhalb der Großstädte sehr selten verschenkt. Dort allerdings konnte ein Kind auch gleich mehrere Zuckertüten erhalten, da diese ein beliebtes Geschenk der Verwandten waren. Erst seit den 1950er Jahren wurden Schultüten zunehmend auch in ländlichen Gebieten üblich. Heute werden sie häufig von den Kindern im letzten Kindergartenjahr selbst gebastelt und von den Eltern mit allerlei Nützlichem, kleinen Spielsachen und Süßigkeiten gefüllt.

als magisches Mittel, das nach dem Verzehr das Lernen erleichtern sollte.

Lit.: Verena Zessnik, Die Kunst der süßen Sachen, (=Schriftenreihe des Steiermärkischen Landesmuseums Joanneum, Abt. Schloß Stainz, 1), Stainz 1988, S. 9.

ABC-Täfelchen

Teigabformung von einer Model
aus dem 19. Jahrhundert, 11 x 7 cm,
Bezirksmuseum Dachau, Slg. Museumsverein Dachau,
o. Inv. Nr.

ABC-Täfelchen sind rechteckige Tafeln, auf denen in einzelnen Zeilen die Buchstaben des Alphabets stehen. Sie besitzen häufig ein Loch zum Aufhängen und entsprechen den vom Mittelalter bis in das 18. Jahrhundert üblichen großen Schulwandtafeln. Kleine ABC-Täfelchen aus süßem Teig wurden zu Schulanfang verschenkt, um den Schuleintritt zu versüßen. Darüber hinaus galten diese Täfelchen auch

Schulranzen

o. Abb.
Geprägtes Leder, genäht und genietet,
30,7 x 5 x 24 cm, um 1950,
Bezirksmuseum, Slg. Dachauer Galerien und Museen,
Inv. HS 6003

Schulranzen, aus Leder gefertigt und auf dem Rücken getragen, haben ihr Vorbild in den Tornistern der Soldaten und wandernden Handwerksgesellen. Im 19. Jahrhundert waren sie noch nicht allgemein üblich, da sie eine kostspielige Investition und deswegen für eine kinderreiche Familie kaum erschwinglich waren. Die Mädchen trugen in der Regel eine größere Handtasche, die Buben eine Umhängetasche. Manchmal hat man die Bücher auch nur mit einem Riemen zusammengebunden. »Ich erhielt an meinem ersten Schultag eine Rupfentasche, da waren auf der einen Seite zwei Vögel drauf gestickt. Ich konnte die Tasche nicht auf den Buckel nehmen wie die anderen Kinder. Zumachen konnte ich sie auch nicht. Wenn es regnete musste ich die Tasche unter die Schürze tun, dass meine Bücher nicht naß wurden. (…) Im 4. Schuljahr machte ich mir eine schwarze Wachstuchtasche, die zum Zuknöpfen war. Aber ich musste auch diese Tasche mit der Hand tragen.«

Zitat: Maria Hartl, Häuslerleut, München 1986, S.13.

Schiefergriffel

Pappkarton mit sechs Schiefergriffeln,
18,5 x 5,8 x 0,7 cm, um 1950,
Bezirksmuseum Dachau, Slg. Dachauer Galerien
und Museen, Inv. HS 6006

Vom 17. bis zum frühen 20. Jahrhundert gehörten Schiefertafel und -griffel zur Grundausstattung eines Schulanfängers. Der Schiefergriffel hinterließ auf der Schiefertafel einen hellgrauen, wieder abwischbaren dünnen Strich, der jedoch feine Ritzspuren hinterließ.
Um Sonneberg und Steinach in Thüringen wurde der Schiefer im Tagebau gebrochen und anschließend in Heimarbeit zu Tafeln und Griffeln verarbeitet. Dies war vor allem Frauen- und Kinderarbeit. Sie rundeten die vom Griffelmacher hergestellten Rohlinge mit dem Schabeisen ab, spitzten den Griffel an und wickelten um den feinen zerbrechlichen Stift ein Stück Papier. Erst im 19. Jahrhundert wurden Schiefergriffel in so genannten Großhütten zunehmend industriell hergestellt. Der in Steinach in Thüringen vorhandene Tonschiefer eignete sich besonders zur Herstellung von Schreibgriffeln. Schätzungsweise wurden von dort bis zu 30 Millionen Griffel in die ganze Welt exportiert.

Schiefertafeln

Schiefer, Holzrahmen, teilweise mit angebundenem
Wischläppchen, ca. 27 x 18 cm, um 1900,
Privatbesitz

Da Papier knapp und teuer war, erlernten die Kinder bis in die erste Hälfte des 20. Jahrhunderts das Schreiben und Rechnen auf Schiefertafeln. Ursprünglich bestanden Schiefertafeln aus einem roh zurechtgeschnittenen Stück Schiefer. Für die Schüler waren die glatt ge-

schliffenen, in einen rechteckigen Holzrahmen gefassten Schiefertafeln praktischer zu handhaben. Die Tafeln wurden in einem »Tafelschoner«, einem festen Pappschuber aufbewahrt. Mit einem Schiefergriffel wurde auf die Tafeln geschrieben. Das Schreiben verursachte ein unangenehmes kratzendes Geräusch. Im Gegensatz zum Papier konnte auf den Schreibtafeln leichter korrigiert werden.
Mit einem Schwamm und einem kleinen Lappen wurde die Tafel gesäubert. Beide waren mit einer Schnur an der Tafel selbst befestigt und hinden zum Trocknen aus dem Schulranzen.
Nach dem Zweiten Weltkrieg, als Papier und Bleistift erneut knapp waren, erlebten Schiefertafel und -griffel für kurze Zeit eine Renaissance. In den 1970er Jahren wurden sie von Schreibtafeln aus Kunststoff und so genannten Milchgriffeln (weichen Weißstiften) abgelöst.

Schultafel

o. Abb.
Holz, grüne Tafelfarbe, 102,5 x 150 cm, um 1960,
Privatbesitz

Große Schultafeln sind erst seit dem 19. Jahrhundert gebräuchlich. Da Schiefer in großen Stücken sehr teuer war, bestanden sie meist aus verleimten Holzbrettern, die mit einer dunklen Farbe gestrichen wurden.
Heute wird die Schultafel, die längst aus Kunststoff besteht, durch moderne Hilfsmittel wie Overhead-Projektor und Beamer ergänzt.

Anweisung zur Schönschreibkunst

o. Abb.
gebunden, mit drei ausklappbaren Kupfertafeln,
17 x 10,5 cm, München 1788,
Bezirksmuseum Dachau, Slg. Museumsverein Dachau,
Inv. B MO-10

Dieses Lehrbüchlein war »zum planmäßigen Unterricht für die Jugend sämmtlicher deutschen Schulen in Baiern« bestimmt. Der Erlass Kurfürst Karl Theodors vom 2. Mai 1779 beabsichtigte »eine allgemeine Verbesserung und Einrichtung in den deutschen Schule Unserer Erblanden zu treffen« (…) »die Schulbücher von Fehlern zu reinigen, und, wo es nöthig, auch neue Schulwerklein zu verfertigen«. In der Folge wurde 1788 dieses Schönschreibe-Lehrbuch herausgegeben.

»Mein erstes Buch«

o. Abb.
von Hans Brückl, München (Bayerischer Schulbuchverlag und R. Oldenbourg Verlag) [4]1954,
Privatbesitz

»Mein erstes Buch zum Anschauen, Zeichnen, Lesen und Schreiben« geht neue Wege. Es vermeidet inhaltslose Buchstabenreihen (i, n, m, u, s) und leere Wörtergruppen (in, an, um, so, sei), unter denen sich das Kind nichts denken kann und die es nur langweilen. Nicht irgendeine Buchstabenfolge ist bestimmend für die Unterrichtsgestaltung, sondern einzig und allein das sechsjährige Kind…«. Hans Brückl (1881 – 1972) forderte von den Lese- und Schreibübungen, dass sie sich am Thema des Gesamtunterrichts orientieren und an die kindliche Erlebniswelt anknüpfen. Auf den Grundschullehrer und Lesemethodiker geht die »Druckschrift-Schreibschrift-Methode« (»Lese-Schreibe-Methode«) zurück. Brückls Fibel wurde 1922 als Unterrichtsbuch genehmigt. Während des Nationalsozialismus war sie verboten. 1945 wurde sie erneut an den bayerischen Schulen zugelassen.

Zitat: Markus May und Robert Schweitzer, Wie die Kinder lesen lernten. Die Geschichte der Fibel. Ausstellungskatalog der Württembergischen Landesbibliothek in Zusammenarbeit mit der Sammlung Pöggeler, Stuttgart [2]1984, S. 150.

Vier Schreibhefte

o. Abb.
Papier, fadengebunden, mit z. T. farbigen Lithographien,16 x 9,8 cm, bzw. 16 x 10,2 cm ,
1. Hälfte 19. Jahrhundert,
Bezirksmuseum Dachau, Slg. Dachauer Galerien und Museen, Inv. A-HS-17 bis A-HS-20

Schreibhefte waren in der Anschaffung teuer und wurden deshalb sehr eng beschrieben. Die Sammlung dieser Schreibhefte ist unterschiedlicher Provenienz. Zwei Hefte tragen den Titel »Spruchsammlung«, ein weiteres Heft stammt aus dem Konfirmandenunterricht und ist mit Abschriften aus der Bibel gefüllt. Das vierte Heft beinhaltet ein Sammlung von Strick- und Stickmustern.

Zwei Schreibhefte

Abb. S. 123
a) Papier, fadengebunden, Umschlag mit Lithographien, Schablonenkolorierung, 20,6 x 16,5 cm, beschriftet und datiert: »Sophie Elise Jansen.1843«,
Bezirksmuseum Dachau, Slg. Museumsverein Dachau, Inv. A-HS-21

o. Abb.
b) Papier, fadengebunden, zweifarbiger Umschlag mit Lithographien, 22 x 17,1 cm, 1. Hälfte 19. Jahrhundert,
Bezirksmuseum Dachau, Slg. Dachauer Galerien und Museen, Inv. A-HS-22

Fleißbildchen

o. Abb.
Papier, verschiedene Größen und Drucktechniken,
20. Jahrhundert,
Privatbesitz

»So weiß ich aus meinen allerersten Schultagen noch recht gut, dass der alte Lehrer, der die Ehre hatte, uns das ABC beibringen zu dürfen, es mit Erfolg verstand, durch Haselnüsse, die er als Preis aussetzte unseren Ehrgeiz anzustacheln«.
Mit allerlei Methoden versuchte der Lehrer die Mitarbeit der Kinder im Schulalltag anzuspornen und sie für einzelne gute Leistungen wie eine schöne Schrift, eine gelöste Rechenaufgabe oder vorbildliches Betragen sogleich zu belohnen. Seit Mitte des 18. Jahrhunderts sind die so genannten Fleißzettel oder -bildchen bekannt. Entweder aus Papier mit einem Bild und ermunternden Worten bedruckt oder aus Fisch-, bzw. Knochenleim als »Hauchbildchen« mit einem Aufdruck in Goldfarbe wurden sie von den Kindern gesammelt und oftmals am Ende des Schuljahres gegen ein größeres Geschenk, z.B. ein Buch eingetauscht.

Zitat: Oskar Gluth, Buch meiner Jugend. Erinnerungen eines Münchners, München 1949, S. 60.

Schreibheft, 1843 (siehe S. 122)

Biografien zu den Autoren

Peter Prosch (1744–1804)

wurde am 28. Juni 1744 als Kleinbauernsohn in Ried im Zillertal geboren. Peter war das jüngste von elf Kindern, weitere Geschwister waren schon bei der Geburt oder im Kleinkindalter verstorben. Nach dem frühen Tod der Eltern blieben vier unmündige Kinder zurück: drei Schwestern, die als Kindermägde ihr Auskommen fanden und der achtjährige Peter, der nun ebenfalls heimatlos, bettelnd von Hof zu Hof wanderte und sich als Botengänger und Hütebub durchschlug. Mit zehn Jahren ging er als Ölträger, später als Handschuhhändler, nach Bayern. In der kindlichen Hoffnung bei den Fürsten Geld für eine eigene Schnapsbrennerei aufzutreiben, zog er von Schloss zu Schloss, wo er gern gesehen war. Auf diese Weise lernte der arme Bauernsohn den Adel seiner Zeit kennen und wurde zu einem »geachteten Hofnarren« (Hugo Greintz). Im Jahr 1789, Prosch war inzwischen Gastwirt in seiner Heimat, erschien seine Autobiographie. Sie gibt einen ungewöhnlichen und vor allem ungetrübten Einblick in das Leben eines einfachen Bauernsohnes und in die adelige Gesellschaft des 18. Jahrhunderts.

August von Platen (1796–1835)

wurde am 24. Oktober 1796 als Karl August Georg Maximilian Graf von Platen in Ansbach geboren. Platen stammte aus verarmtem Adel. Auf Wunsch der Eltern sollte er Offizier werden und besuchte dazu seit 1806 eine Kadettenschule in München. Nach seiner Teilnahme am Frankreichfeldzug gegen Napoleon in den Jahren 1814/1815 begann er 1818 zunächst mit dem Studium der Rechtswissenschaften in Würzburg, bevor er sich der Germanistik und dem Studium der persischen Sprachen zuwandte. Platen lebte nun als Dichter und Schriftsteller. In der so genannten Platenaffäre wurde seine Homosexualität öffentlich bekannt. 1826 verließ er Deutschland und ging nach Italien. Er starb 1835 in Sizilien. August von Platen erlangte vor allem als Dramendichter und Lyriker von Sonetten und Ghaselen, einer persischen Versform, Berühmtheit.

Joachim Königbauer (1849–1935)

wurde am 12. März 1849 als zwölftes Kind der Bauereheleute Martin Königbauer und Maria, geb. Hirschauer in Etterschlag (heute Gde. Wörthsee) geboren.
Bereits in der Elementarschule fiel er durch seine überdurchschnittliche Begabung auf. Auf Anraten des Lehrers schickten ihn seine Eltern auf die Lehrerbildungsanstalt nach Freising. Damit bot sich dem Jüngsten, der als Hoferbe nicht in Frage kam, die Möglichkeit immerhin Dorflehrer zu werden.
1867 bestand er das Examen mit Bestnoten. Nach Junglehrerstellen in Vohburg, Rosenheim und Freising sowie leitenden Stellen in Amberg und Lauingen wurde er 1900 Leiter der Lehrbildungsanstalt in Würzburg, Dozent für Pädagogik und Leiter der Schulaufsicht über verschiedene höhere Lehranstalten.
Als Schulpolitiker und Pädagoge stand er bei seinen Zeitgenossen in hohem Ansehen. Er setzte sich für die Reform des Volksschulunterrichts ein, da er den herkömmlichen, nach Fächern gegliederten Unterricht ablehnte. Stattdessen forderte er eine fächerübergreifende, an den Interessen und Bedürfnissen der Kinder orientierte Ausbildung. Er verfasste mehrere pädagogische Bücher und erhielt den

bayerischen Michaelis-Verdienstorden. Mit 71 Jahren schrieb er seine Kindheits- und Jugenderinnerungen, die 1933 unter dem Titel »Aus meiner Jugendzeit« erschienen.

Ludwig Thoma (1867–1921)

wurde am 21. Januar 1867 in Oberammergau als fünftes Kind des Försters Max Thoma und seiner Ehefrau Katharina geboren. In dem einsam an der Grenze zu Tirol gelegenen Forsthaus in Vorderriß erlebte er eine unbeschwerte Kindheit, die durch den Tod des Vaters jäh beendet wurde. Ludwig war erst sieben Jahre alt. Nun musste die Mutter ihre sieben Kinder alleine großziehen, Ludwig bekam einen Vormund. Nach dem Abitur in Landshut studierte er Rechtswissenschaften in München. 1894 eröffnete er in Dachau im Hause des Herrenschneiders Max Rauffer seine erste Anwaltskanzlei. Ermutigt durch den Erfolg seines Erstlingswerkes »Agricola«, hängte er die »Ferkelstecherei« an den Nagel und wurde Schriftsteller. Durch seine realistischen und humorvollen Schilderungen und Bühnenwerke wurde er populär. Er starb am 26. August 1921 in Rottach am Tegernsee.

Lena Christ, eigentlich Magdalena Pichler (1881–1920)

wurde am 30. Oktober 1881 als uneheliche Tochter der Köchin Magdalena Pichler in Glonn geboren. Die ersten sieben Jahre ihres Lebens, die sie bei ihren Großeltern in Glonn verbrachte, waren ihrer Meinung nach die glücklichsten ihres Lebens. Dort ging sie bereits zur Schule, als sie von der Mutter nach München geholt wurde. In der Gaststätte der Eltern musste das Mädchen sehr schwer arbeiten. Außerdem war die Beziehung zu ihrer Mutter, wie auch später zu ihrem ersten Ehemann von großer Gefühlskälte und brutalen Misshandlungen geprägt. Aus der Ehe mit dem Buchhalter Anton Leix gingen drei Kinder hervor. Sie erlitt mehrere Fehlgeburten. Nach achtjähriger Ehe ließ sie sich von ihrem Mann scheiden und versuchte sich und ihre Kinder mit Schreibarbeiten zu ernähren. Ihr zweiter Ehemann, der Schriftsteller Peter Jerusalem (später Peter Benedix) ermutigte sie zur Schriftstellerei. 1912 erschienen ihre autobiographischen »Erinnerungen einer Überflüssigen«. Darin schilderte sie rückhaltlos ehrlich die missglückten Stationen ihres bisherigen Lebens. Auch die 1914 veröffentlichten »Lausdirndlgeschichten« sind »Kindheitsnostalgien voll Eigensinn und Auflehnung gegen die Erwachsenenwelt und die Wirklichkeit des Ungeliebtseins« (Walter Schmitz). Sie schrieb mehrere Dramen und Romane, darunter »Mathias Bichler«, »Madam Bäurin« und die Erzählung »Rumplhanni«. Nach der Trennung von Peter Benedix begann sie eine unglückliche Liebesbeziehung mit dem Sänger Ludwig Schmidt (Lodovico Fabri). Als sie an Tuberkulose erkrankte, versuchte sie ihren zunehmenden finanziellen Schwierigkeiten mit Kunstfälschungen entgegen zu wirken. Am 30. Juni 1920 beging sie Selbstmord.

Maria Hartl (1903–n. e.)

wurde am 8. Juni 1903 als achtes und jüngstes Mädchen von insgesamt sechzehn Kindern in der Nähe von Landshut geboren. Der Vater war Zimmererpolier und bewirtschaftete eine kleine Landwirtschaft. Als die Mutter starb, war Maria dreieinhalb Jahre alt. Mit der neuen Frau des Vaters, die selbst zwei Töchter mit in die Ehe brachte, begann für Maria eine unglückliche Zeit in ärmlichen Verhältnissen. Mit 14 Jahren kam sie »zum Dienen« in ihre erste Stellung. 1923 brachte sie ihre uneheliche Tochter (die spätere Künstlerin Marlene Reidel) zur Welt. Maria Hartl musste zu ihren Eltern zurück. Erst nachdem der Kindsvater als Zimmerer Arbeit fand, konnten die beiden heiraten. Im Laufe der Jahre kamen noch sechs weitere Kinder zur Welt, von denen eines an Blinddarmentzündung starb. Nachdem sie das von ihren Eltern in Aussicht gestellte heimatliche Anwesen doch nicht bekam, musste die Familie 1945 in großer Armut noch einmal von vorne anfangen. 1986 erschien ihre Autobiographie »Häuslerleut«.

Anna Wimschneider (1919–1993)

kam am 16. Juni 1919 in Pfarrkirchen/Niederbayern als viertes von neun Kindern auf dem bäuerlichen Anwesen ihrer Eltern Traunsperger zur Welt. Mit acht Jahren verlor sie ihre Mutter. Anna musste den bäuerlichen Haushalt führen und ihre jüngeren Geschwister versorgen. 1939 heiratete sie Albert Wimschneider. Während des Krieges führte sie die Landwirtschaft alleine weiter. 1985 erschien ihre Autobiographie »Herbstmilch. Lebenserinnerungen einer Bäuerin«, mit der sie über Bayern hinaus berühmt wurde. Das Buch wurde in mehrere Sprachen übersetzt. Auf das Erscheinen von Herbstmilch reagierte eine breite Öffentlichkeit mit großem Interesse an der Lebensgeschichte der »kleinen Leute«. In den folgenden Jahren erschienen weitere Autobiographien aus dem bäuerlichen Milieu. 1991 veröffentlichte Anna Wimschneider ihr zweites Buch »Ich bin halt eine vom alten Schlag. Geschichten vom bäuerlichen Leben einst und jetzt.«

Hans Schrall (geb. 1921)

wurde am 20. Mai 1918 in Röhrmoos auf dem bäuerlichen Anwesen »Beim Wilmo« geboren. Seine zehn Jahre ältere Schwester stammte aus der ersten Ehe des Vaters. Hans Schrall verbrachte eine glückliche, unbeschwerte Kindheit. Nach Ende der Schulzeit begann er eine Schreinerlehre. 1941 musste er als Soldat in den Krieg, aus dem er nach kurzer amerikanischer Gefangenschaft im Juli 1945 nach Hause zurückkehrte. 1951 heiratete er. Aus der Ehe ging eine Tochter hervor, die ihn bei der Herausgabe seiner Kindheits- und Jugenderinnerungen unterstützte. Hans Schrall arbeitete bis zu seiner Pensionierung als Schreiner und lebt noch heute mit seiner Frau Hermine und der Familie seiner Tochter auf dem elterlichen Anwesen.

Franz Dostal (geb. 1932)

wurde am 1. Januar 1932 in Olmütz als Sohn eines Metzgers geboren. Seine Mutter stammte aus Wien, wo sie vor ihrer Heirat als Köchin im Dienst war. Seine ältere Schwester lernte Franz nie kennen. Sie war bereits vor seiner Geburt im Alter von fünf Jahren gestorben. Franz war Schulkind, als 1939 der Zweite Weltkrieg ausbrach. Schon 1945 fiel sein Vater. Mutter und Sohn mussten nun allein zurechtkommen. Nach Kriegsende kam der 13-jährige in ein tschechisches Lager. Von dort konnte er im Mai 1946 nach Deutschland ausreisen. In Wolnzach fand er eine neue Heimat. Er erlernte den Beruf des Automechanikers und heiratete 1957 Emma, eine gebürtige Wolnzacherin. 1961 kam der Sohn zur Welt und das Paar bezog eine größere Genossenschaftswohnung, in der sie noch heute wohnen. Auf die immer wiederkehrenden Fragen nach seiner Herkunft und seinem Schicksal in der ehemaligen tschechischen Republik, schrieb Franz Dostal schließlich seine Erinnerungen an eine »Gestohlene Jugend« nieder.

Ausgewählte Literatur

Ariès, Philippe, Geschichte der Kindheit, München 1975

Christ, Lena, Erinnerungen einer Überflüssigen, in: Dies., Gesamtausgabe Bd. 1, München 1990

Dostal, Franz, Gestohlene Jugend. Ein Tatsachenbericht, (= D´Hopfakirm. Heimatkundliche Schriftenreihe des Landkreises Pfaffenhofen a. d. Ilm 35), Pfaffenhofen an der Ilm 2005

Dreesbach, Martha (Hg.), Aus Münchner Kinderstuben 1750 – 1930 (= Schriften des Münchner Stadtmuseums 5), München 1977

Dreier, Peter, Kindsmord im Deutschen Reich unter besonderer Berücksichtigung Bayerns im späten 19. und frühen 20. Jahrhundert, Marburg 2006

Fischer-Dückelmann, Anna, Die Frau als Hausärztin. Ein ärztliches Nachschlagebuch für die Frau, Stuttgart 1913

Frey, Manuel, Der reinliche Bürger. Entstehung und Verbreitung bürgerlicher Tugenden in Deutschland, 1760–1860, (= Kritische Studien zur Geschichtswissenschaft 119), Göttingen 1997

Gluth, Oskar, Buch meiner Jugend. Erinnerungen eines Münchners, München 1949

Hansmann, Lieselotte und Kriss-Rettenbeck, Lenz, Amulette. Magie. Talisman, München 1977

Hartl, Maria, Häuslerleut, München 1986

Heim, Carlamaria, Josefa Halbinger Jahrgang 1900. Lebensgeschichte eines Münchner Arbeiterkindes, Nach Tonbandaufzeichnungen zusammengestellt und niedergeschrieben, München 1980

Heres, Hedi, Kinder kriagn und Kinder wiagn. Brauchtum um Mutter und Kind in Bayern und seinen Nachbarländern, Dachau 1986

Huizinger, Johan, Homo Ludens. Versuch einer Bestimmung des Spielelementes der Kultur, Amsterdam 1939, Hamburg 1994.

Klebe, Dieter und Schadewaldt, Hans, Gefäße zur Kinderernährung im Wandel der Zeit, Frankfurt a. M.1955

Königbauer, Joachim, Eine Kindheit auf dem Dorf 1849 – 1862, Waakirchen 1987

May, Markus und Schweitzer, Robert, Wie die Kinder lesen lernten. Die Geschichte der Fibel (Ausstellungskatalog der Württembergischen Landesbibliothek in Zusammenarbeit mit der Sammlung Pöggeler), Stuttgart 21984

Meier, Martin, Das war Armut. Landleben in den 20er und 30er Jahren, 2 Bde., Dießen am Ammersee 1995

Metken, Sigrid (Hg.), Die letzte Reise. Sterben, Tod und Trauersitten in Oberbayern (Ausstellungskatalog des Stadtmuseums München), München 1984

Montaigne, Michel de, Von der Kinderzucht bis zum Sterbenlernen. Essays, nach der Übersetzung von Johann Joachim Christoph Bode (1730 – 1793), Erftstadt 2004

Peiper, Albrecht, Chronik der Kinderheilkunde, Leipzig 1951

Platen, August von, Der Briefwechsel, hrsg. v. Ludwig von Scheffler und Paul Bornstein, Bd. 1, München und Leipzig 1911

Ploss, Hermann Heinrich, Das Kind in Brauch und Sitte der Völker. Anthropologische Studien, 2 Bände, Stuttgart 1876

Pörtner, Rudolf (Hg.), Kindheit im Kaiserreich. Erinnerungen an vergangene Zeiten, München 1989

Prosch, Peter, Leben und Ereignisse des Peter Prosch, eines Tyrolers von Ried im Zillerthal oder das wunderbare Schicksal. Geschrieben in der Zeit der Aufklärung, München 1919

Riehl, Wilhelm Heinrich (Hg.), Bavaria, Landes- und Volkskunde des Königreichs Bayern, Bd I/2, München 1860

Rosegger, Peter, Waldheimat, 1. Bd. Das Waldbauernbübel, in: Gesammelte Werke, Bd. 11, Leipzig 1914

Ruisinger, Marion Maria (Hg.), Auf Leben und Tod. Zur Geschichte der Entbindungskunst (Ausstellungskatalog des Deutschen Medizinhistorischen Museums Ingolstadt), Ingolstadt 2009

Rutschky, Katharina. Deutsche Kinder-Chronik. 400 Jahre Kindheitsgeschichte, Köln 1983

Theopold, Wilhelm, Das Kind in der Votivmalerei, München 1981

Schlumbohm, Jürgen, Kinderstuben. Wie Kinder zu Bauern, Bürgern, Aristokraten wurden 1700 – 1850, München 1983

Schrall, Hans und Sigerist, Angelika, Beim Wilmo. Erinnerungen von Hans Schrall, Röhrmoos 2007

Simon, Helene, Landwirtschaftliche Kinderarbeit. Ergebnisse einer Umfrage des Deutschen Kinderschutz-Verbandes über Kinderlandarbeit, Berlin o. J. (1923)

Thoma, Ludwig, Andreas Vöst. Bauernroman, München 1906

Vavra, Elisabeth (Hg.), Familie. Ideal und Realität (Katalog der Niederösterreichischen Landesausstellung, Schloss Riegersburg), Horn 1993

Wallner, Georg, Jetzt war meine Zeit. Die Lebensgeschichte eines Lotzbacher Landwirts, hrsg. v. Karl Hans Grünauer, Wörthsee 1992

Weber, Therese (Hg.), Mägde. Lebenserinnerungen an die Dienstbotenzeit bei Bauern, Graz – Wien 1985

Weber-Kellermann, Ingeborg, Die deutsche Familie. Versuch einer Sozialgeschichte, Frankfurt a. M. 1974

Weber-Kellermann, Ingeborg, Der Kinder neue Kleider. Zweihundert Jahre deutsche Kindermoden, Frankfurt a. M. 1985

Weber-Kellermann, Ingeborg, Die Kindheit. Kleidung und Wohnen. Arbeit und Spiel. Eine Kulturgeschichte, Frankfurt a. M. 1989

Wimschneider, Anna, Herbstmilch. Lebenserinnerungen einer Bäuerin, München 1984

Wormer, Eberhard J., Alltag und Lebenszyklus der Oberpfälzer im 19. Jahrhundert. Rekonstruktion ländlichen Lebens nach den Physikatsberichten der Landgerichtsärzte, (= Miscellanea Bavarica Monacensia 114), München 1858

Zglinicki, Friedrich von, Die Wiege. Volkskundlich – kulturgeschichtlich. Kunstwissenschaftlich – medizinhistorisch, Regensburg 1979

Ziersch, Amélie, Bilderbuch – Begleiter der Kindheit. Die Entwicklung des Bilderbuches in drei Jahrhunderten (Ausstellungskatalog des Museums Villa Stuck München), München 1986

Zischka, Ulrike (Hg.), Vater. Mutter. Kind. Bilder und Zeugnisse aus zwei Jahrhunderten (Ausstellungskatalog des Münchner Stadtmuseums), München 1987